강화돈대 순례

강화돈대 순례

초판 1쇄 발행 2022년 6월 28일

저자 이광식
기획 강화뉴스

펴낸이 양은하
펴낸곳 들메나무 **출판등록** 2012년 5월 31일 제396-2012-0000101호
주소 (10893) 경기도 파주시 와석순환로 347 218-1102호
전화 031) 941-8640 **팩스** 031) 624-3727
전자우편 deulmenamu@naver.com

값 20,000원 © 이광식, 2022
ISBN 979-11-86889-28-2 (03910)

세계 유일의 희귀 유적, 54개 강화돈대를 찾아서

강화
돈대
순례

최초 공개 민통선 10개 돈대 포함,
54개 강화돈대 총정리!

이광식 지음

들메나무

머리말

'강화돈내 르네싱스'를 꿈꾸며

강화돈대들은 세계에서도 유례를 찾아보기 힘든 특이한 역사유물로, 군사적 목적을 위한 일종의 해안 방어시설이라 할 수 있다. 외침에 대비해 조선 후기 강화에는 54개나 되는 방어용 성채들이 100km 해안선을 따라 집중적으로 축조되었다. 약 2km마다 하나꼴로 돈대를 쌓은 그야말로 거국적인 사업이었다.

돈대는 적의 움직임을 살피거나 공격에 대비하기 위해 감시가 수월한 접경이나 해안지역의 높은 평지에 밖으로 성곽을 높게 쌓고, 안은 낮게 하여 포를 설치해둔 방어시설로, 54개의 강화돈대들은 대부분 숙종 5년¹⁶⁷⁹ 함경도, 황해도, 강원도 승군 8,900명과 어영군 4,300명, 석수 등 전문인력과 보조원 2,000명이 축성에 투입되어 80일 만에 축조되었다. 계산해보면 돈대 1개소당 연인원 25,000명이 투입된 셈이다. 강화도 유사 이래 최대의 역사役事였다.

한말의 역사가 말해주듯, 서구 열강과 일본의 침략을 제일선에서 막아낸 것이 바로 강화돈대들이었다. 지금도 초지돈대, 손돌목돈대 등에는 우리 선조들이 압도적 무력을 앞세워 쳐들어오는 적을 피 흘려 막아낸 그날의 상흔들이 그대로 남아 있다. 이처럼 강화돈대는 우리 선조들의 호국의 얼이 깊이 서려 있는 유적이기도 하다.

돈대들이 들어선 자리터는 예외 없이 조망이 아주 좋은 요충으로, 강화의 아름다운 풍광을 그대로 보여주는 명소들이다. 그런 연유로 근래 문학-연극-음악-미술 등 여러 문화행사들이 이루어지는 무대가 되고 있으며, 수도권 별지기들이 천체관측을 위해 즐겨 찾기도 한다. 여러 가지로 돈대 복원은 뜻 깊은 역사 되살리기라 할 수 있을 것이다.

　정책 당국자들이 보다 큰 비전을 갖고 이 강화의 보물인 54개 돈대들을 완전 복원하여 '돈대 꿰미길' 같은 것을 조성해 전 국민이 즐겨 찾는 순례 명소로 만든다면 강화 주민들에게도 큰 혜택이 돌아갈 것으로 믿는다.

　여기에 수록된 돈대는 멸실된 10개 돈대를 포함, 강화의 54개 돈대들을 모두 아우른 것으로, 1년 동안 〈강화뉴스〉에 '이광식의 강화돈대 순례' 코너에 연재한 것이다.

　강화 북쪽 해안에 축조된 10여 개의 돈대들은 민통선 안에 위치한 것으로, 일반인의 접근이 제한된 유적들이다. 이번에 해병대의 협조를 받아 최초로 민통선 내 돈대들을 모두 취재해 국민에 소개하게 된 것을 크게 다행으로 여기며, 이 자리를 빌려 협조를 아끼지 않은 군 당국에 사의를 표한다.

　우리 선조들이 남긴 호국의 징표이자 자랑스러운 문화유산인 강화 돈대-. 그 동안 후손들의 무관심으로 무너지고 흩어진 강화돈대들을 원형대로 복원하여, 유네스코 세계문화유산으로 등재하는 것을 보다 적극적으로 추진해주기를 바란다.

강화 퇴모산에서 이광식

차례

Intro
세계 유일의 희귀 유적,
강화돈대

돈대, 무엇 하던 곳인가?

많은 사람들에게는 돈대라는 말 자체도 낯설 것이다. 나 역시 돈대라는 말을 강화도에 와서 처음 들어보았다. 찾아보니 '돈墩'은 흙무더기라는 뜻이고, '대臺'는 평평한 땅이라는 뜻이라지만, 개념어 사전에는 '돈墩은 봉화를 올리는 곳이고, 대臺는 적의 동정을 살피는 곳'이라고 풀이한다. 요즘으로 치면 일종의 해안 군 초소라 할 수 있다.

오래 묵은 땅 강화는 고인돌, 고려궁지 등 곳곳에 유적들이 많아 '지붕 없는 박물관'이라 불리지만, 그중에서도 최고의 백미는 100km에 이르는 섬 해안선을 따라가며 축조된 54개에 이르는 강화돈대일 것이

계룡돈대. 강화 54개 돈대 중 가장 걸작으로, 유일하게 축조 명문이 발견된 곳이다.

다. 작은 성채처럼 생긴 이 돈대들은 모두 돌로 축조된 시설이다. 참으로 엄청난 역사役事가 아닐 수 없다. 그렇다면 우리 선조들은 왜 강화 땅에 이처럼 수많은 돈대들을 만든 것일까? 과연 이 돈대들은 무엇을 하던 곳일까?

옛날에는 규모가 큰 군사시설을 진鎭이라 하고, 작은 것은 보堡, 돈대라 했는데, 원래 돈대는 성을 쌓기 곤란한 지역에 만든 성곽의 대체시설로서, 소규모의 방어용 성채라 할 수 있다. 무엇보다 적선의 침입을 경계하는 것이 목적이므로, 돈대는 대개 조망권을 확보하기 위해 해안가 구릉지나 절벽 위에 설치되었다.

작은 방어용 성채라 할 수 있는 강화도 돈대의 입지는 대략 곶형, 산정형山頂形, 산사면형, 평지형 등 4가지 유형으로 구분된다. 곶형이 24개소로 가장 많고, 산정형 12개소, 산사면형 12개소, 그리고 평지형이 5개로의 순으로 파악된다. 돈대의 형태는 이 같은 지형적 요소를 고려하여 사각형, 원형, 곡형, 장구형, 전방후원형 등 다양하게 나타나고 있으며, 규모도 대략 대·중·소로 나눌 수 있다.

흔히 강화 해양관방 유적이라고 불리는 돈대의 구조는 대략 3m 안팎의 높이로 성벽을 쌓되, 보통 상층과 하층의 이중구조를 갖추었다. 하층에는 바다 쪽 석벽에 대개 3, 4개의 포좌를 만들어 화포를 배치하고, 병사들의 생활공간인 돈사墩舍와 무기고를 두었다. 내부 면적은 보통 테니스장 정도였다.

성곽 위에 자리잡은 상층에는 여장성가퀴을 둘러쌓고 총안을 만들어 조총 등 개인화기를 동원해 돈대에 근접한 적병을 제압하는 데 활용되었다. 성가퀴의 수는 기록으로 잘 남아 있는데, 보통 30~50개가 만들어졌고, 이 성가퀴 수로 돈대의 크기를 가늠할 수 있다. 돈대와 돈대 사이는 가까운 곳은 수백 미터, 평균 1km 정도인데, 이는 화포의 교차사격으로 적의 침입을 효율적으로 막기 위한 것이었다.

특히 강화돈대의 강점은 강화 주변 해역에 넓게 발달한 갯벌로 인해 적의 상륙이 지난한 위치에 자리잡고 있다는 점이다. 한말에 침략한 프랑스, 미군, 일본군들이 강화돈대를 진압하는 데 크게 고전한 것은 이러한 돈대의 입지 때문이었다.

강화돈대의 상부 기관으로 진鎭과 보堡가 있었는데, 해안에 위치한 12개의 진·보가 각기 2~4개의 돈대들을 관할했고, 각 돈대에는 평상

'강화전도'에 나타난 강화돈대 위치. 1684년 왕에게 제출된 지도로 가장 오래된 것이다.

시 2~3명의 돈군이 돌아가며 경계근무를 했다.

강화돈대, 언제 만들었나?

그렇다면 이 많은 강화돈대들은 언제, 왜 만들어진 것일까? 여기에는 우리의 아픈 역사가 숨어 있다. 강화돈대가 본격적으로 축조되기 시작한 것은 조선 중기 숙종 5년¹⁶⁷⁹으로, 이때는 침략한 청군에 의해 치욕적인 삼전도의 굴욕을 당한 병자호란으로부터 40년 남짓 후였다.

남한산성의 항전이 한 달을 넘긴 1673년 1월 22일, 갑곶나루 앞 염하에 방어선을 친 조선수군은 홍이포洪夷砲를 앞세운 청군에 의해 여지없이 무너지고, 금성탕지金城湯池로 불리던 난공불락의 강화도가 병선을 타고 날듯이 염하를 건넌 청군의 발에 무참하게 짓밟히고 말았다.

강화 전역에서 약탈과 살육이 벌어졌고, 청군을 피해 달아나던 여인들이 염하강에 수도 없이 몸을 던져 "머리 수건이 물에 떠 있는 것이 마치 낙엽이 바람 따라 물에 떠다니는 듯했다"라고 〈연려실기술〉은 그 참상을 전하고 있다. 고려 때 그처럼 막강했던 몽골군도 함락시키지 못한 난공불락의 요새 강화가 청군에게는 여지없이 짓밟히고 만 것이다.

이것은 조선 위정자들에게 쓰디쓴 교훈이 되었다. 그리하여 병자호란 후 40년이 지나 삼번의 난 등으로 대륙의 정세가 급박하게 돌아가자 가장 먼저 강화도 방어체계를 강화할 필요성이 제기되었고, 병조판서 김석주의 건의로 조선 조정은 대대적인 강화도 돈대 축조에 나서게 되었다. 서울에서 북서쪽으로 55km 떨어진 강화도는 서해와 한강이 만나는 지점에 위치해 서울로 올라가는 길목에 해당하는 요충 중의 요충이었다.

하지만 이 같은 대규모 역사를 벌이기에는 당시 여러 가지 어려움이 뒤따랐다. 무엇보다 몇 해 전 전국을 휩쓴 경신대기근의 여파가 남아 있어 백성들을 동원하기 어려운 실정이었다. 따라서 최적의 조건을 고려한 결과, 승군과 어영군을 돈대 축조에 동원하기로 하고 함경도, 황해도, 강원도 승군 8,900명과 어영군 4,300명이 징발되었다.

〈비변사등록〉 기록에 따르면, 돈대의 성곽을 만들기 위해 그 전해 12월 1일부터 석재를 채취해 운반하기 시작했다. 채석장 약 1,700명, 축성 기술 인원 1,110명, 석수 400여 명 등 직접 공사에 15,972명이었고, 여기에 한양의 주물 기술자 50명이 추가되었다. 또 돌을 나르는 운석선은 75척으로 각 배의 사공과 격군 2명 등 3명이 투입되어, 대략 1,635명 이상이 돈대 축조를 위한 사전 석재 공사와 운반에 투입된 셈이다. 이후 추가 투입된 장비와 인력을 더하면, 석재를 캐고, 석재 운반과 그에 필요한 잡물을 나르는 배가 84척에 약 1,700명이 동원된 것으로 나온다.

이상으로 살펴보면 강화 돈대 축성에 총 투입된 인력은 대략 16,000명으로, 당시 조선의 인구가 약 1천만 명이었던 점에 비추어볼 때 대단히 거국적인 역사였다. 그 무렵 강화의 인구는 22,336명이라는 기록이 남아 있는 것을 보면, 돈대축조 기간은 강화에 유사 이래 가장 많은 인구가 북적거리는 시기였을 것이다.

이 같은 대규모 국책사업을 벌임에 있어 하나 다행이었던 것은 돈대가 설 만한 장소에 이미 고려 때 옛성을 쌓았던 성토가 49개소나 남아 있어 이를 최대한 활용함으로써 인력과 물자를 크게 줄일 수 있었다는

바다에서 본 계룡돈대의 모습 (사진/문화재청)

점이다. 돈대 축조에 들어가는 석재는 강화도 남쪽의 마니산, 서쪽의
별립산, 그리고 매음도와 주변 섬에서 공급하기로 했고, 이를 가공할
석수 400명은 서울과 지방 등에서 동원하기로 했다.

돈대를 쌓은 후 성문을 달 때는 한양에서 직접 성문을 제작해 운반했
는데, 약 7만 근의 주철이 들어갔다. 또 석회 18,000섬, 생칡 880동, 잡
목 8,000조 등과 운석선 75척에 관용 나룻배 9척이 동원되었다.

2월 27일에는 마니산에서 신에게 고하는 제사를 경관京官이 주관하
게 함에 따라 강화유수 윤이제尹以濟가 안전 기원을 위한 제사를 지냈
으며, 강화유수가 돈대 축조에 관한 모든 현장 작업을 총지휘하게 되
었다.

이처럼 대규모의 인력이 투입되어 최초의 돈대 48개가 윤이제의 지
휘로 1679년숙종 5에 완성되었다. 〈비변사등록〉에 나와 있는 기공식-완

강화돈대 순례

공 발표 기록에 따르면, 돈대의 축조에는 채석을 시점으로 한 12월 1일부터 5월 23일까지 완공까지 약 6개월이 걸렸던 대역사였다.

그후 18세기까지 검암, 빙현, 철북, 초루, 작성 등 5개의 돈대가 더 축조되어 돈대는 총 53개소가 되었으며, 19세기 병인-신미양요 이후 용두돈대가 추가됨으로써 총 54개의 강화돈대가 완성되었다. 그러나 강화 남쪽 선두포 일대의 수로를 방어했던 갈곶, 양암 두 돈대는 수로가 폐쇄됨에 따라 폐지되어 모두 52개 돈대가 운영되었다.

격랑의 역사를 헤쳐온 강화돈대

19세기 말 조선의 앞바다에는 이양선異樣船들이 수시로 출몰했다. '모양이 다른 배'라는 뜻을 가진 이양선은 서양에서 온 상선들이었지만 기실은 침략의 선봉이라 할 수 있었다. 그들은 최신 무기로 무장하고 조선의 섬과 해안을 마음대로 드나들며 수심을 재고 지형을 살폈다. 어떤 배는 한강을 거슬러올라 도성의 코앞인 서강에까지 이르렀다니, 집권층이 느낀 공포와 위기감이 어떠했을 것인지는 짐작하고도 남을 만하다.

그 같은 공포는 이내 현실로 드러났는데, 그 대표적인 무력충돌 사건이 바로 병인양요와 신미양요다. 1866년에 일어난 병인양요는 천주교 탄압을 구실삼아 로즈 제독 지휘하의 프랑스 군이 한 달 동안 강화도를 점령하고 파괴와 약탈을 자행했던 침략전쟁이다. 강력한 조선군의 항전에 맞닥뜨리자 그들은 약탈한 대량의 외규장각 도서, 금은괴, 보물 등을 가지고 갑곶진을 거쳐 청나라로 철군했다.

그로부터 5년 뒤에는 또 미국과의 무력충돌이 벌어졌는데, 이것이

무더기 한 줄만 남은 선두리 양암돈대. 그 많던 돌들은 다 어디로 간 걸까?

바로 1871년의 신미양요다. 미 해군은 그해 6월 1일 강화도와 김포 사이의 강화해협^{염하}을 무단으로 거슬러올라왔고, 조선군은 이에 강력히 저항했으나 강력한 무장을 앞세운 미군에 의해 광성보가 함락당하고 말았다.

조선군의 돈대 포는 사거리가 짧을뿐더러 폭발하지 않는 포탄을 사용했다. 강력한 미군의 화력에 속수무책으로 당할 수밖에 없었다. 격전을 벌였지만, 순무중군 어재연을 비롯한 50여 명의 수비병력 대다수가 사망했다. 반면, 미군측의 전사는 3명이었다. 미군의 전쟁사에 '48시간 전쟁'으로 기록되어 있는 광성보 전투에서 조선의 군대는 어재연 장군을 포함해 430여 명이 전사하고 20여 명이 포로로 잡혔으며, 광성보와 돈대들은 완전히 파괴되었다.

미 해군은 20일간 통상을 요구하며 강화에 주둔했지만, 목숨을 초개

같이 여기며 결사 항전하는 조선군의 기세에 질린 나머지 더 이상 전투를 치를 엄두를 내지 못한 채 물러갈 수밖에 없었다. 비록 전투에서는 졌지만 전쟁에서는 이긴 셈이었다. 돈대를 거점으로 한 조선군의 완강한 저항으로 미군은 아무런 성과도 얻지 못한 채 철수할 수밖에 없었다.

신미양요에서 광성보를 지키던 어재연 장군의 대장기인 수자기. 미군에게 빼앗겼지만 2007년 반환되어 강화역사박물관에 전시되어 있다.

도성으로 들어가는 길목에 자리잡은 한말의 강화도는 힘과 힘이 맞부딪치는 격랑의 역사 한가운데서 위태로이 부침하던 섬이었다.

붕괴되고 있는 강화돈대들

54개 강화돈대는 대략 4개 집단으로 분류할 수 있다. 강화도와 석모도를 가르는 강석해협, 염하 수로, 남쪽 해안, 북쪽 해안의 돈대 집단으로 나뉘는데, 이들 돈대는 축조된 지 340년이 지난 만큼 거의가 허물어지고 멸실되었지만, 지난 90년대에 일부 복원작업이 이루어져 상당수는 옛 모습을 되찾았다.

그러나 완전히 원형이 복원된 것은 손가락에 꼽을 만큼밖에 안 되고, 대개는 불완전 복원이 이루어졌을 뿐이다. 돈대 기본 구조는 입구인 석문과, 사방을 에워싼 성곽과 네 개의 포안, 단과 그 위에 설치된 여장으로 이루어지는데, 특히 여장을 복원하지 못한 채 방치된 돈대들이 상당수에 이른다. 오히려 여장 있는 돈대가 드물 정도다.

이러한 돈대들이 지닌 공통된 특징은 하나같이 빼어난 조망을 갖고 있다는 점이다. 워낙 적정을 잘 살피고 일차 방어전을 펴는 시설인 만큼 관측하기 좋은 높직한 곳에 돈대가 자리잡게 마련이다. 따라서 돈대가 있는 곳은 그 지역에서 가장 경치가 좋은 곳인 명당일 수밖에 없다.

이러한 까닭으로 지금 많은 돈대들의 주변에 군사시설들이 들어서 있다. 특히 북쪽 해안의 광암, 구등곶, 작성, 불장, 의두, 철북, 석우, 숙룡, 휴암돈대 들은 현재 군사시설로 개축되거나 활용되고 있는 실정이다. 철책이 쳐진 민간인 통제지역의 이들 17개 돈대는 접근하기조차 쉽지 않다.

340년 전에 축조된 해안 군사실설인 돈대가 지금까지 그 효용성을 인정받아 군 시설로 활용되고 있다는 것은 강화돈대가 역사적인 유물의 차원을 넘어 '살아 있는 유산Living Heritage'임을 확연히 보여주는 사례라 하겠다.

하지만 강화돈대 중에는 문화재로 지정되어 보호받고 있는 몇몇 돈대를 제외하고는 거의가 방치되어 있어 점차 그 원형을 잃어가고 있다. 석렬의 일부라도 남아서 보존되고 있는 돈대는 35개에 불과하다.

돈대 중에는 훼손 정도가 심해 길상면의 택지돈대처럼 빈터에 돌조각들만 나뒹굴거나, 양암돈대처럼 돌무더기만 쌓여 있는 곳도 있으며,

남쪽 해안의 장자평돈대는 완전히 해체된 터 위에 민간 건축물이 들어선 상태이고, 섬암, 동검북, 갈곶, 송곶, 송강, 석각, 인화돈대 등은 그 터만 남아 있거나 석축들이 지속적으로 붕괴되고 있다.

340년 전 국토를 지키기 위해 온 민족이 거국적으로 세워놓은 우리의 자랑스러운 문화유산을 지금처럼 이대로 방치해둔다면, 세월이 지날수록 복원작업이 더욱 어려워질 것 같아 안타까움을 자아내게 한다.

'강화돈대 르네상스'를 꿈꾸며…

세계에도 유례가 없는 강화돈대는 우리의 역사가 살아 숨쉬고 선조들의 호국의 얼이 깃들어 있는 자랑스러운 유적이자 강화의 보물이다. 한말 제국주의의 침략을 온몸으로 막아냈던 강화돈대들은 우리 민족의 치열한 호국정신과 역사의식을 증언하는 자랑스러운 문화유산으로서 탁월한 보편적 가치를 갖고 있다.

최근 인천문화재단 인천문화유산센터에서 54개의 강화돈대 중에서 비교적 보전상태가 뛰어나고, 어로한계선 이남의 해안에 위치한 돈대와 해양관방 유적 28개를 사계절에 걸친 해상과 육상, 항공촬영으로 돈대의 다양한 모습을 담은 학술총서 〈강화돈대〉를 발간했다.

2016년부터 지금까지 유네스코 문화유산 등재를 위한 사전작업으로 강화 해양관방 유적에 대한 고지도 자료집, 주제별 학술논고 등을 엮어 학술총서를 발간해온 인천문화유산센터의 한 관계자는 이번 학술총서에 발간에 대해 "강화의 해양관방 유적은 김포의 해양관방 유적과 함께 문화역사적 가치가 매우 높아서 유네스코 문화유산으로 등재될 가치가 충분함에도, 등재계획이 중단된 것은 아쉬움이 있지만, 그래

신미양요 때 미군에게 점령당한 덕진돈대. 돈대를 지키던 수비병력 대다수가 전사한 격전이었다.

아름다운 반달형의 분오리돈대. 지형에 맞게 축조한 결과 나온 형태다. 여장은 복원되지 않았다.
돈대 형태는 대략 원형, 직방형, 반원형 등으로 되어 있다. (사진/박동화)

강화돈대 순례

도 돈대 전체를 사적으로 지정하여 중앙정부 예산을 투입해 관리할 필요가 있다"고 강조한다.

수년 전부터 강화돈대를 유네스코 문화유산으로 등재하기 위한 노력이 지속되었지만, 강화군의 반대로 등재 계획이 중단되었는데, 주된 이유는 유네스코 문화유산으로 등재될 경우 혹 유적 근처의 재산권 행사에 제한이 있지 않을까 우려한 때문이라 한다.

그러나 강화돈대의 복원과 정상화는 일부의 재산권 제약이라는 차원을 넘어 무한한 가능성을 내포한 문제로 생각된다. 예컨대, '구슬이서 말이라도 꿰어야 보배'라는 말이 있듯이, 선조의 호국의 얼이 서린 강화도 54개 돈대들을 꿰며 순례하는 '돈대 꿰미길'을 만들어 전 국민에게 개방한다면 인기있고 사랑받는 순례 코스가 될 수 있을 것이라고 믿는다.

그뿐인가. '돈대에서 춤추고 노래하는' 다양한 프로그램의 '돈대 문화제'를 열어 우리 강화를 한껏 빛낼 수도 있을 것이며, 또한 돈대를 주제로 한 다양하고 예쁜 굿즈들을 개발한다든가, 돈대 공간을 활용한 '스타 파티' 같은 천체관측 행사를 벌여 수도권 별지기들을 불러도 좋을 것이다. 이처럼 무궁한 활용 가치를 지니고 있는 강화돈대는 적절한 개발 과정만 거친다면 제주의 올레길보다 더 크게 지역경제에 도움을 줄 수도 있을 것으로 본다.

관계당국과 정책 입안자들은 보다 높은 비전을 지니고 '강화돈대 르네상스'를 힘차게 일으킴으로써 세계 유일의 유적 강화돈대를 후손에게 물려줄 자랑스러운 유산으로 자리매김해주길 기대해본다.

돈대 순례에 나서기 전
필요한 한 줌 지식

그랭이질 울퉁불퉁한 돌들을 깎아 완벽하게 밀착시키는 석축 쌓기 기법

눈썹돌(眉石) 빗물이 성벽을 타고 흐르는 것은 막기 위해 성벽 위에 눈썹처럼 약간 튀어나오게 걸친 돌

문둔테 문을 여닫는 나무 수톨쩌귀인 문장부를 끼는 구멍 뚫린 나무. 주로 두꺼운 널빤지로 되어 있다.

돈문(墩門) 돈대의 문. 돌로 문의 윤곽을 만들고, 철판을 덧씌운 목재로 만든 문을 달았다.

돈사(墩舍) 돈대 내부의 숙소나 창고 같은 건물

면석(面石) 돈대의 성벽을 이루는 네모난 석재

무사석(武砂石) 네모 반듯한 큰 돌로 층이 지도록 돈문 양옆에 쌓은 석재. 그 위로 장대석을 덮었다.

문주석(門柱石) 문짝을 끼워 달기 위하여 문의 양쪽에 세운 돌기둥

문지(門趾) 문터

보(步) 조선의 길이 단위로 약 1.3m에 해당한다.

석루조(石漏槽) 높은 곳에 고인 빗물이 흘러 아래로 떨어지도록 만든 석조물

성(城)가퀴 성벽 위에 설치한 높이가 낮은 담. 몸을 숨기고 적을 쏠 수 있도록 만든 시설로 성첩(城堞), 여장(女墻), 치첩(雉堞)이라고도 한다.

여장(女墻) 몸을 숨기고 적을 공격하기 위해 성 위에 덧쌓은 낮은 담으로 성가퀴 또는 성첩
이라고 함

이방(耳房) 포좌 안쪽에 감실처럼 만든 포탄 저장 공간

장군목(將軍木) 대궐·성문 등의 큰 문을 닫고 잠글 때 빗장처럼 가로지르는 굵고 긴 나무.
양쪽에 있는 구 멍에 두 끝을 끼우고 문짝에 달린 고리를 장군목에 걸면 굳게 잠긴다.

장대석(長大石) 포좌나 돈문 위를 덮기 위해 길고 편편하게 다듬어 만든 덮개돌

지도릿돌(樞石) 문짝을 다는 기둥을 고정하기 위해 홈을 파고 위와 아래에 설치했던 넓적한 돌

총안(銃眼) 사격하기 위해 벽에 낸 구멍

치첩(雉堞) 총안이 있는 여장. 성첩, 성가퀴

퇴(退)**물림쌓기** 석재를 점차 안쪽으로 후퇴시키면서 쌓는 방법

평거식(平拒式) 성문 양쪽 벽 위에 장대석을 수평으로 걸쳐 네모난 통로를 만드는 형식

포좌(砲座) 대포를 설치하기 위해 포안을 만들고 돌로 구축한 공간

허튼층쌓기 크기가 다른 돌을 줄눈을 맞추지 아니하고 불규칙하게 쌓는 법

협축(夾築) 내·외 성벽을 동시에 쌓아올린 후, 그 사이는 돌과 흙으로 채워넣는 축성 방식

홍예문(虹霓門) 문의 윗부분을 무지개 모양으로 반쯤 둥글게 만든 문

돈대 꿰미길

첫 번째

강석해협의 강화돈대

① '위태로움이 없다'
무태돈대

강화군 하점면 창후리 │ 하점면 창후리라면 강화의 가장 서쪽에 위치
산151-1 소재 │ 한 작은 시골 마을이지만, 한때는 선착장으로
│ 인해 모르는 사람이 없을 정도로 유명세를 타
는 동네였다. 2014년 교동대교가 개통되기 전까지는 교동도로 가려
면 이 창후리 선착장에서 페리선을 타는 것이 유일한 방법이었기 때
문이다.

　그 시절에는 선착장뿐만 아니라 곁따라 있는 어판장도 주말이면 늘
사람들로 북적대는 호황을 누렸지만, 다리가 놓인 이후로는 옛시절의

창후리 선착장에서 북쪽으로 난 해안 언덕길을 100m만 올라가면 나오는 무태돈대. 반듯한 직방형으로 한강 어귀로 침입하는 적선들을 막기 좋은 요충이다. 멀리 교동대교가 보인다. 해넘이 명소이기도 하다. (사진/문화재청)

영화를 뒤로하고 다소 다소곳한 시골 마을로 되돌아왔다.

창후리 선착장에서 북쪽으로 난 해안가 길을 따라 100m 정도 올라가다 보면 야트막한 성벽이 나타나는데, 이것이 바로 무태^{無怠}돈대다. 별립산*의 서쪽 끝자락 묏부리 위에 직사각형으로 길게 자리잡은 무태돈대는 1679년^{숙종5}에 축조된 48돈대 중 하나로, 강화유수 윤이제의 지휘로 쌓은 것이다. '무태'라는 이름은 위태로움이 전혀 없다는 뜻으로, 적에 맞서는 조선군의 자신감이 묻어 있다.

강화도에 있는 돈대들은 조선 인조 14년¹⁶³⁶ 병자호란이 일어나 강화도가 함락되자, 이에 놀란 조정에서 해안 경비를 튼튼히 하기 위해 곳곳에 쌓기 시작한 것이다. 또 16세기 중반부터 서해 연안에 출몰하여 노략질을 일삼던 중국의 해적선들을 감시, 방어하기 위한 것이기도 했다.

명·청 시기 중국 북부의 어선들과 상선들 중 일부는 어업과 상

동벽에 낸 돈대 문. 남벽과 바짝 붙은 위치다. 무사석으로 두 단을 층지게 쌓은 후, 석축을 세운 위에 두껍고 긴 천장돌 6개를 덮었다.

---

* **별립산** 강화군 양사면 인화리에 있는 산. 높이 416m. 별도로 떨어져 있어 별립산으로 불린다.

돈대 문 안쪽에서 바라본 내부 모습. 서벽으로 나란히 포좌 4개를 앉혔다. 멀리 교동대교가 보인다.

업에 종사하다가도, 소득이 적거나 식량이 떨어지면 우리 배들을 습격하거나 해안에 상륙하여 노략질하는 해적선으로 돌변했는데, 이들이 하는 짓이 하도 황당하게 여겨졌던지 조선인들을 그 배들을 황당선荒唐船이라 불렀다. 하긴 이 중국의 황당선은 현재진행형이기도 하다.

강화도와 교동도 사이의 강화만이 잘록한 해안으로 돌출한 언덕 위에 자리잡은 무태돈대는 지형에 맞춰 44×20cm의 길쭉한 직사각형 꼴을 하고 있다. 규모는 둘레 145m, 성곽 너비 2m로, 성벽은 안팎을 모두 화강암으로 쌓았고 잡석과 흙으로 안을 채웠으며, 석벽의 높이는 120~530cm다. 1999년 문화재자료 제18호로 지정되었다.

석축은 지형에 맞추어 쌓아서 경사진 부분이 많다. 현재는 동쪽과 서쪽의 성벽이 잘 남아 있고 남쪽 성벽은 하부는 원형이 남아 있으나 상부는 최근에 새로 쌓았다. 동쪽 성벽에 있는 성문은 남쪽 성벽에서 매우 가까운데, 안팎에 네모반듯하게 다듬은 무사석으로 두 단을 층지게

강화돈대 순례

쌓은 후, 위에 두껍고 평평한 장대석 6개를 얹은 평거식이다.

문 안쪽 아래위에는 문짝을 달았던 지도릿돌이 보이고 옆면 장대석에는 빗장인 장대목을 박아두는 둥근 구멍도 남아 있다. 장군목은 대궐·성문 등의 큰 문을 닫고 잠글 때 빗장처럼 가로지르는 굵고 긴 나무로, 양쪽에 있는 구멍에 두 끝을 끼우고 문짝에 달린 고리를 장군목에 걸면 굳게 잠긴다. 대궐문이나 성문

돈대 문 안쪽의 구멍들. 아래가 장군목을 끼웠던 자리, 위는 문설주를 고정한 구멍이다. 맞은편 무사석에도 같은 구멍이 패어 있다.

은 외침을 막기 위해 철벽처럼 잠가야 하므로 군을 통솔하는 '장군'을 붙인 것으로 추측된다.

인화, 광암, 구등곶, 작성 등의 돈대와 함께 인화보의 관리하에 감시소와 방어진지로서의 역할을 했던 무태돈대는 기록에 의하면, 돈

그 많던 성벽 돌들은 다 어디로 가고 돈대 문 옆에 조금 남아 있다.

돈대 옆 밭뙈기 귀퉁이에 나뒹굴고 있는 큰 돌. 틀림없이 돈대에서 나온 석재일 것으로 보인다.

대 안에는 해안을 향해 포좌를 4곳 설치했다고 하며, 이들 포좌는 현재 서쪽 성벽에 2개, 서북쪽 모서리에 1개 남아 있고 나머지 하나는 서남쪽 모서리에 있었을 것으로 짐작되지만 성벽이 허물어져 확인할 수 없다고 한다. 그러나 현재 네 포좌는 모두 서쪽 벽에 일렬로 앉혀져 있을 뿐이다. 복원 때 제대로 고증을 거친 것인지 우려된다.

현재 네 포좌 중 한 곳만 덮개돌이 원래의 것이고, 나머지는 모두 새로이 만들어 올린 것이다. 또한 원래 사면으로 다 설치되었던 상단부의 여장성가퀴은 모두 47개였다고 하는데, 1997년 전면 보수 때 서벽의 17개만 복원되었다.

이처럼 성곽을 이루는 석재들은 많은 부분이 유실되고 거의 새로운 석재들로 복원되어 아쉬움을 주고 있다. 당시 무태돈대를 쌓은 석재들은 부근의 별립산에서 조달된 것으로 알려져 있다.

무태돈대의 남쪽으로 3,100보3,400m 거리에는 망월돈대가 있고, 북쪽으로 1,470보1,910m 거리에 인화돈대로 이어진다. 무태와 망월 사이의 3.4km는 돈대 간격 중 두 번째 긴 것으로, 한쪽은 바다, 다른 쪽은 평야가 펼쳐져 있어 최고의 산책로가 되고 있다.

(왼쪽) 돈대 상단부에 복원된 치첩. 성가퀴 또는 여장이라고도 한다. 여장의 틈과 구멍을 총안이라 하며, 은신과 사격에 유리한 구조물이다. 원래는 47개가 있었다고 하는데, 서벽의 16개만 복원되었다.
(오른쪽) 무태돈대의 남벽. 아랫 부분에 원형이 많이 남아 있다.

해넘이의 명소 무태돈대의 여장 너머로 보는 해넘이. 교동도 산 한 자락 끝으로 해가 진다. 2021년 10월 2일 무태돈대의 정확한 해넘이 시각은 저녁 6시 14분이었다.

무태돈대의 마스코트인 고욤나무. 한 뿌리에서 두 줄기가 나온 건지, 각기 다른 나무인지 모르겠지만, 돈대를 복원하면서 나무를 살린 마음이 고맙게 느껴진다. 올해 고욤이 풍년이다.

돈대의 포안으로 내다본 서해 풍경. 해협에 서 있는 등표 오른쪽에 보이는 섬이 교동도, 왼쪽이 석모도.

조망이 좋은 무태돈대. 서해 연안이 훤히 보인다. (사진/문화재청)

② 앞에는 바다, 뒤로는 평야 망월돈대

강화군 하점면 망월리 2107 소재

강화의 어느 돈대든 시원스런 조망을 자랑하지 않는 곳이 없지만, 망월돈대만큼 사방으로 무엇 하나 시야를 가리는 것 없이 확 트인 돈대는 달리 없을 것이다. 그도 그럴 것이 이 돈대는 강화에서도 가장 넓은 간척지인 망월평望月坪을 등지고 바다를 향해 있기 때문이다. 망월평을 끼고 있는 망월리는 마을이 벌판 가운데 있어서 달 보기에 좋은 곳이라 해서 붙여진 이름이라 한다.

망월평이 생긴 것은 여몽항쟁 이후 고려 공민왕 때다. 갯골을 토석으

공중에서 본 망월돈대. 돈대 좌우로 이어진 성벽은 장성으로 불리며, 지금은 물을 가두거나 홍수를 조절하는 제방으로 사용되고 있다. 장성의 북쪽으로는 창후리 선착장, 남쪽으로는 3km 걸으면 계룡돈대에 닿는다. (사진/문화재청)

로 막아 제방을 쌓고 조수의 출입을 막는 축제한수築堤限水의 공법이 개발되면서 깊은 갯골까지 막을 수 있게 됐고, 제방이 생김으로써 둔전이 크게 늘어났다고 〈고려사〉에 기록돼 있다. 이러한 간척지는 조선시대에 이르기까지 국방강화를 위한 한 방편으로 강화도 내 식량 증산을 위한 것이기도 했다. 강화도 내의 거의 모든 평야는 이 같은 간척사업으로 만들어진 것이다.

대규모의 토목공사 끝에 너비 1.5m, 길이 7km로 축조된 망월언望月堰에는 누각을 설치한 출입문이 6곳, 물길이 드나드는 문이 7곳 마련되어 있었던 것이 조선시대에 와서 광해군 10년1618 안찰사 심돈이 수리를 했고, 영조 21년1745 강화유수 김시환이 다시 고쳐 쌓아 '만리장성'이라고도 불렀다고 한다.

강화군 망월리-구하리 일원의 망월평을 감싸고 있는 제방을 이곳

강화나들길 16코스 남쪽에서 바라본 망월돈대 모습

주민들은 지금도 '만리장성둑' 혹은 '성둑'이라고 부른다고 한다. 이 만리장성은 북쪽으로 창후리 선착장, 남쪽으로는 황청리 흥두데미 을끼지 이어져 있는데, 지금은 홍수를 막거나 물을 저장해 두는 제방으로 사용되고 있다.

1679년^{숙종 5}에 쌓은 48돈대 중 하나인 망월돈대는 진무영에서 돈장을 보내 직접 관할하는 영문 소속 돈대였다. 대개 돈대들이 해안가 높은 지대에 위치하는 것과 달리 망월돈대는 갯가 낮은 지대에 설치됐다. 그래도 시야를 가리는 방해물이 없어 경계초소로 부족함이 없다.

만리장성의 딱 중간지점에 있는 망월돈대는 강화에서 가장 큰 저수지인 고려지^{내가저수지}에서 흘러내린 내가천 물이 서진하여 바다와 만나는 하구에 자리잡고 있다. 이 하구가 밀물 때는 바닷물이 내륙 깊숙이 들어오는 수로의 입구가 되기도 했다. 조선시대 이곳에는 말올포^{末乭浦}라는 포구가 있었는데, 돈대는 수로의 방어 임무를 수행했던 것으로 보인다.

망월돈대는 낙성-장자평돈대와 함께 하천 하구 평지에 축조한 대표적인 돈대다. 이러한 돈대는 무른 갯바닥을 석재로 다지는 기초공사를 해야 하기 때문에 여느 돈대에 비해 난공사였다. 특히 석모도 등 외지에서 채석한 석재를 옮겨올 때 갯벌을 통과해야 하므로 물때에 맞춰 작업해야 하는 관계로 공사기간도 많이 잡아먹었다.

그래도 초기 48개 돈대 축성의 대역사를 함경, 황해, 강원도 승군 8,900명과 어영군 4,300명, 석수 등 전문인력 2천 명을 투입하여 6개월 만에 군사작전 하듯이 매조진 것을 보면 조선의 국가 역량이 상당했음을 알 수 있다.

망월평야의 해안선 부근 갯골에 진흙을 메우고 석축을 쌓아 구축한 망월돈대의 형태는 40~120cm의 돌을 가로 38m, 세로 18m, 높이 2.5m의 직사각형으로 축조한 것으로, 성곽 위로는 흙벽돌로 낮게 쌓은 담장인 여장城牒 42개가 둘러져 있었으나, 복원되지 않고 지금은 그 흔적만 남아 있다. 둘레는 124m다.

포좌는 서쪽 바다를 향해 설치되었는데, 토사에 묻혀 확인하기 어려운 것을 2002년 전면 복원 때 위치를 확인하여 세 개의 포좌를 만들었다. 좌우로 길게 늘어서 있는 장성의 중간 한 지점에 설치되었던 망월돈대는 상층 성곽에 올라서 보면 건너편에 석모도 상주산上 主山, 264m이 보이고, 서북쪽으로는 교동도, 북으로는 별립산도 빤히 보인다.

딱 있어야 할 곳에 있는 돈대라는 느낌을 주는 망월돈대-. 시원스런 조망을 자랑하면서도 아담하고 아늑한 분위기의 이 망월돈대는 여러 문화행사들, 예컨대 시낭송회나 문학의 밤 행사, 연극, 음악회, 스타 파티 같은 천체관측 등 무엇을 하든 더없이 맞춤한 공간으로 우리 사랑

돈문이 있는 돈대 동벽

을 받기에 부족함이 없을 듯싶다. 유적 재활용 면에서도 얼마나 훌륭한가. 강화에서의 '돈대 르네상스'가 꿈만은 아니길 빈다.

지방문화재자료 11호로 지정된 망월돈대는 강화나들길 16코스에 있다. 망월돈대 남쪽으로는 계룡돈대가 1,525보^{1,980m}, 북쪽으로는 인화돈대가 1,470보^{1,910m} 거리에 있다.

위에 장대석을 가로지른 평거식의 아름다운 돈문

아늑한 내부 공간. 시낭송회나 문학의 밤 행사, 연극, 음악회, 스타 파티 같은 천체관측회 등, 무엇을 하든 더없이 맞춤한 공간이다. 바닷가라 모기도 별로 없다.

강화돈대 순례

(왼쪽) 돈대 좌우로 갯벌과 망월평의 경계를 이루는 것이 만리장성으로 불리는 둑이다. 망월벌을 지나온 내가천이 돈대 동쪽을 끼고 바다로 흘러든다.

(오른쪽) 망월돈대의 해안 쪽 성벽은 갯벌에 기초를 두고 쌓아올려져 있다. 강화돈대 중에서 가장 낮은 지대에 설치된 돈대 중 하나이다. 저 멀리 붉은 갯식물인 칠면초가 보인다.

돈대 포좌의 포안으로 내다본 바깥 풍경. 맞은편 섬이 교동도다.

③ 강화돈대 중 최고 걸작
계룡돈대

강화군 내가면 황청리 282번지 소재

강화 해안을 따라 축조되었던 54개의 돈대 중 최고의 걸작으로 꼽히고 있는 것이 바로 계룡돈대이다.

망월평야 남서 방향의 언덕 위에 자리하고 있는 이 돈대는 강화돈대 중 초루돈대와 함께 유이하게 건립 시기가 돌에 기록되어 있는 돈대다. 돈문 왼쪽 기단부에 있는 면석에 새겨져 있는 글은 다음과 같다.

"康熙一十八年四月日慶尙道軍威御營"강희 18년 4월 일 경상도 군위어영

강화돈대 순례

망월평야 남서 방향의 언덕 위에 자리하고 있는 계룡돈대. 돈대 중 최고 걸작으로 꼽힌다.
(사진/문화재청)

강희 18년은 1679년이다. 그해 겨울이 끝나고 봄이 막 시작된 시점인 4월, 경상도 군위현에서 온 어영청 소속의 병사들이 이 돈대를 축조했다는 뜻이다. 이처럼 돈대의 제작연대에 대한 기록이 남아 있는 것은 보기 드문 예이다. 물론 계룡돈대 외에 다른 돈대의 건립 시기를 모르는 건 아니다. 이 연도는 숙종 5년에 해당하는데, 이해에 조정에서는 국력을 기울여 강화도에 48개 돈대를 동시에 축조했기 때문이다.

망월돈대와 함께 진무영에서 관리하던 계룡돈대는 강화군의 서쪽인 내가면 황청리 282번지 일대 간척지 평야의 끝자락에 솟은 구릉 위에 위치하고 있다. 돈대의 형태는 전체적으로 길쭉한 사각형이지만, 북서쪽 끝이 좁은 형태이며, 그 규모는 북서-남동쪽이 33m, 북동-남서가

(왼쪽) 계룡돈대의 축조 명문. 53돈대 중 명문이 있는 두 개의 돈대 중 하나다.
(오른쪽) 돈대 문. 위에 가지런히 미석(눈썹돌)을 얹어놓은 게 보인다.

돈대 꿰미길 첫 번째—강석해협의 강화돈대

22m가량이며, 둘레는 108m, 높이는 2~4m 내외이다. 기록을 보면 성첩은 33개로 되어 있다.

300여 년의 세월이 흐르는 동안 계룡돈대도 허물어지고 이지러진 바람에 복구를 위한 첫 단계로 2008년 본격적인 발굴조사가 이루어졌다. 이 조사를 통해 돈대 벽체의 구조가 확인되었는데, 북쪽 육축부의 경우 하층부는 막돌 허튼층쌓기를 했고, 상단부는 비교적 열을 맞추어 거친돌 층지를 쌓기 한 것이 밝혀졌다. 또한 경사가 급한 동벽의 경우 벽체 하단부에 여러 단의 석재를 쌓아 성벽을 보강한 보축이 발견되었다. 그동안 돈대 규모가 작은 경우 돈사 대신 움막을 지었을 것으로 추정했던 것이 발굴을 통해 사실로 확인되었다.

계룡돈대는 발굴조사 이후 2009년 복원공사가 완료되었는데, 대체적으로 발굴조사에서 밝혀진 내용에 따라 복원되었지만, 동벽과 서벽이 편축이 아닌 협축으로 정비되는 등, 말끔하게 원형이 복원되어 1995년 3월 1일 인천광역시기념물 제22호로 지정되었다.

광대돈대, 겨룡돈대로 불리기도 한 계룡돈대의 석문 입구를 들어서면 길쭉한 장방형의 내부 공간이 한눈에 들어온다. 핸드볼 경기장 남짓한 직사각형의 3면은 석축을 올려 해변을 향해 정면으로 외적을 볼 수 있다.

여기서 한때 수십 명의 장정들이 숙식을 같이 하며 밤낮으로 우리 바다를 지켰을 것이다. 지금 강화 해안을 경계하는 해병대 병사들과 다를 게 없다. 옛날 그 장병들은 모두 시간과 함께 과거 속으로 떠내려가 버렸지만, 당시 저 돈대 한쪽에는 가마솥이 걸리고 천막과 볏짚으로 꾸려진 숙소들이 자리잡았으리라. 고향에서 농사짓다가 징집된 그 수

많은 병사들 중에서 과연 살아서 고향으로 돌아간 장정들은 얼마나 되었을까?

강화도에 이처럼 수많은 돈대들이 세워지고 병사들이 배치된 것은 두말할 것도 없이 강화가 도성으로 들어가는 길목에 자리잡고 있기 때문이다. 한말의 강화도는 힘과 힘이 맞부딪치는 격랑의 역사 한가운데서 부침하는 섬이었다.

이 무렵 조선의 앞바다에는 이양선異樣船들이 수시로 출몰했다. '모양이 다른 배'라는 뜻을 가진 이양선은 서양에서 온 상선들이었지만 기실은 침략의 선봉이라 할 수 있었다. 그들은 최신 무기로 무장하고 조선의 섬과 해안을 마음대로 드나들며 수심을 재고 지형을 살폈다. 어떤 배는 한강을 거슬러올라 도성의 코앞인 서강에까지 이르렀다니, 집권층이 느낀 공포와 위기감이 어떠했을지는 짐작하고도 남을 만하다.

돈대 여장의 총안으로 들여다본 계룡돈대 내부

돈대로 올라가는 계단. 바로 옆에 밭을 일구고 있다.

　돈대의 서쪽으로는 수평선이 보이는 서해 바다와 동쪽으로는 한없이 너른 망월평야가 펼쳐져 있다. 평야 쪽에서 바라보는 계룡돈대는 소나무들에 둘러싸여 기품있는 자태를 자랑한다. 쉼없이 불어오는 바닷바람과 물새들의 소리를 들으며 계룡돈대를 지나는 강화나들길을 천천히 걸어보는 것도 행복한 일이다.

　계룡돈대를 지나는 강화나들길 16번 코스는 창후리에서 외포리까지 이어진 13.5km의 바닷가 길로, '서해 황금 들녘길'이라는 이름 그대로 바다와 평야를 아울러 감상할 수 있는 명코스다. 되도록 저물녘 시간을 잡으면 아름다운 서해의 낙조도 덤으로 감상할 수 있다. 이런 연유로 수도권 별지기들이 천체관측을 위해 즐겨 찾는 곳이기도 하다.

　또 하나 계룡돈대에서 놓치면 안될 것은 개펄 해안의 다양한 생물들

　　　　　　　　　　　　　　　　　　　　강화돈대 순례

과 버드 워칭, 곧 탐조探鳥다. 운 좋으면 주걱 같은 부리로 바닷가 바닥
을 휘젓는 천연기념물 노랑부리저어새도 볼 수 있으며, 물가에 서 있
는 자태가 더없이 우아한 왜가리들을 보는 것도 큰 기쁨이다. 마치 한
폭의 격조 높은 한국화를 보는 듯한 느낌을 불러일으킨다.

이처럼 격랑의 역사를 간직한 돈대의 아름다운 모습과 서해의 눈부
신 낙조, 그리고 한 폭의 그림 같은 해안 풍경을 거느리는 계룡돈대는
강화의 숨은 보물이 아닐 수 없다.

남쪽으로는 1,960보2,550m의 거리에 석각돈대가 있고, 북쪽으로는
1,525보1,980m 거리에 망월돈대가 있다.

계룡돈대의 내부. 핸드볼장 크기 남짓하다. (사진/문화재청)

계룡돈대의 내부. 이 공간에서 한때 수많은 장정들이 숙식하며 군생활을 했을 것이다. 성벽에는 총안, 포안들이 즐비하건만, 이처럼 아늑한 정취를 자아내다니 아이러니하다.

물새들이 떼지어 있는 바닷가 풍경. 기품 있는 왜가리, 운 좋으면 보호조 노랑부리저어새도 볼 수 있다.

아름다운 계룡돈대의 서벽. 포안이 바다를 향해 뚫려 있다.

가파른 벼랑 위에 쌓은 남벽. 기단석을 여러 단 내어쌓기하여 성벽을 보강했다.

④ 최고의 전망지에 버려진 석각돈대

강화군 내가면 황청리 산 171번지 소재

강화도 방면 석모대교에서 동쪽 산중턱에 자리잡은 석각石角돈대는 조선 숙종5년1679에 완축된 48개의 돈대 중 하나이다.

해발 193m의 국수산國壽山 서사면에 위치하는 석모돈대는 장방형 돈대로, 전면과 좌우면이 모두 급경사를 이루고 있어 조망권이 뛰어나다. 돈대 터에 올라서면 석모대교와 석모도, 황청포구 앞바다와 교동도가 한눈에 훤히 들어온다. 어느 모로 보든 일대에서 최고의 전망지라 할 수 있다.

석모도와 강석해협이 한눈에 들어오는 최고의 전망지에 자리잡은 석각돈대. 기단석 한 줄과 포좌 뿌리만 남았다. 오른쪽에 보이는 작은 섬이 섬돌모루도. 아래 반듯한 돌은 돈대와는 상관없는 어느 민간 분묘의 상석이다.

　기록에 따르면, 둘레가 58보81m. 성첩은 27개라 하니, 작은 규모의 돈대인 셈이다. 돈대의 위치가 산중턱인데다가 해안과도 거리가 먼 것으로 보아, 방어보다는 북쪽의 계룡돈대, 남쪽의 삼암돈대와의 연락과 관측을 고려한 관방시설인 듯하다.

　지금의 외포리에 군영을 두고 있는 정포보의 관할 하에 있었던 석각돈대는 당시 내부에 건물을 두어 창고와 병사의 숙소로 삼았던 유구가 남아 있다. 병사들의 수는 대략 30명 안팎으로, 돈대 한쪽에 솥을 걸어 놓고 취사하면서 수직守直했다고 한다. 오늘날 강화 해안을 방비하는

하나 남은 돈대 포좌의 뿌리. 해협 쪽을 향하고 있다. 멀리 석모대교가 보인다.

석각돈대로 올라가는 돌계단. 모두 돈대의 면석으로 쓰였던 아까운 원형 석재들이 이렇게 값싸게 사용되고 있다.

한때 강석해협을 굽어보던 위용을 자랑하던 석각돈대의 웅자는 사라지고 빈터에 몇 개 돌들만 남아 있는 폐허가 되었다.

강화돈대 순례

해병대 장병들과 다를 바가 없다고 하겠다.

이처럼 강석해협 수로를 방비하던 석각돈대가 지금은 거의 훼손되어 폐허가 되고 말았다. 몇 년 전만 해도 석벽이 꽤나 남아 있었다고 하는데, 어쩐 일인지 현재는 성채를 이루었던 돌들이 거의 사라져버리고 기단석 1~2열 정도만 남아 있을 뿐, 포좌나 문지 등의 시설물 위치는 확인도 되지 않는 상황이다. 또한 주위 퇴적물에 의해 육축부가 매몰된 상태이다. 도로변에서 공동묘지 옆으로 통로가 나 있는데, 훼손이 심하게 진행되고 있는 중이다.

게다가 현재 바로 인근에는 군에서 추진하는 '강화 해누리공원' 조성 공사로 인해 중장비들이 온통 산을 헤집어대는 판이라 돈대로의 접근로까지 사라져버렸다. 그 전에 길가에 하나 달랑 서 있던 돈대 안내판도 뽑혀져 어디로 치워졌는지 눈에 띄지도 않는다.

아무리 공사 중이라 하더라고 돈대로의 접근로 확보와 안내판 정도는 세워줄 수도 있을 텐데, 관계자들의 배려가 여러모로 아쉬운 정황이다. 공사현장 관계자의 말에 의하면, 공원 공사는 2021년 말에나 돼야 끝날 거라 한다.

해누리 공원이 완공되면 방문객들이 인근의 석각돈대도 함께 둘러볼 수 있도록 돈대 환경을 정비하여 연계해주면 좋지 않을까 제안해본다. '돈대 투어'는 오로지 강화에서만 할 수 있는 유일 특이한 여행이라는 점을 강조하고 싶다. 다행히 최근에 공사가 마무리되어 돈대 안내간판이 세워지고 접근로가 확보되었다.

석각돈대의 남쪽으로는 삼암돈대가 1,080보^{1,400m} 거리에 있고, 북쪽으로는 계룡돈대가 1,960보^{2,550m}의 거리에 있다.

돈대 남면은 기단석 한 줄만 남아 있다. 그 많던 돌들은 다 어디로 갔을까?

(왼쪽) 돈대 상부 성곽이 무너져내렸다. 한때는 저 위에 톱니같은 성가퀴들도 있었을 것이다. 뒤쪽으로 보이는 돌계단은 어느 가족묘로 오르는 것이다. 계단 돌들이 모두 돈대 면석으로 보인다.
(오른쪽) 폐허의 석각돈대에 나뒹구는 장대석

(왼쪽) 유일하게 남아 있는 석각돈대의 모퉁이 면석들
(오른쪽) 돈대 비탈 아래 굴러떨어진 석재들이 쓰레기와 함께 나뒹굴고 있다. 정으로 쪼은 자국들이
보인다. 이것이 돈대 석재의 증거다.

강석해협을 가로지르는 석모대교가 빤히 내려다보인다.

⑤ 큰길 가에 이런 아름다운 유적이! 삼암돈대

강화 내가면 외포리 산223-4 소재

강화의 수많은 돈대 중 가장 접근성이 좋은 돈대 랭킹 1위다. 외포리를 지나 석모대교로 진행하는 길가에 삼암三嵒돈대가 빤히 서 있다. 주변에 주차공간도 많아 부담없이 차 세워두고 잠시 들러보면 된다. 돈대를 처음 보는 사람에게는 새로운 세상에 온 듯한 느낌을 주는 단아한 자태의 우리 문화유산이다.

강화도는 삼국시대 이래 중요한 군사적 요충지였다. 조선시대에도 17~18세기에 해안을 따라 6개의 진鎭과 7개의 보堡, 9개의 포대砲臺와

공중에서 본 삼암돈대의 아름다운 모습. 해협 건너가 석모도다.

함께 54개 돈대가 설치되었다.

삼암돈대는 병자호란 후 강화를 요새화하기 위해 숙종 5년¹⁶⁷⁹ 강화도 해안선을 따라 축조한 48개 돈대 중의 하나다. 외포리 아래의 건평돈대와 망양돈대, 북쪽의 석각돈대와 함께 정포보^{井浦堡, 현 외포리 소재}의 관할 하에 있었던 이 돈대는 강화도의 서쪽 해안의 방위를 맡았는데, 여러 차례에 걸쳐 수리한 덕으로 지금은 비교적 보존 상태가 좋은 편이다.

바다 건너로는 석모도가 보이는 삼암돈대는 바다를 향해 약간 돌출한 산의 정상부에 있는데, 육지 쪽으로 산을 등진 주변 지형은 비교적 평탄한 편이지만, 전면인 해안 쪽은 급경사를 이루고 있으며, 후면으로는 나지막한 산을 등지고 있다. 형태는 일반적으로 네모난 평면을 이루고 있는 다른 돈대와는 달리 가로 22.5m, 세로 23m의 타원형을 이루고 있다. 기록에 보면 축성 당시의 둘레는 91보^{121m}로 나와 있다.

네모진 형태로 거칠게 다듬은 돌을 안팎으로 쌓은 삼암돈대는 북

삼암돈대의 아름다운 돈문. 덮개돌 처마를 둥글게 깎아낸 것이 특이하다. 문 양옆의 반듯한 큰 돌들이 문을 튼튼히 하기 위한 무사석이다.

돈문의 빗장인 장군목을 끼우는 사각 홈인 문둔테. 위쪽 둥근 구멍은 문설주를 고정시키는 홈이다.

으로 출입구가 나 있으며, 외벽은 높고 내벽은 낮은 것이 특징이다. 석벽의 폭은 4m정도이고, 성벽에는 4개의 포좌가 바다를 향해 설치되었는데, 성벽을 끊고서 좌우로 돌을 쌓아 벽을 만든 위에 긴 돌을 건너지른 포좌 안에는 포탄을 저장하였던 감실형의 공간인 이방耳房이 있다.

바다 쪽에 쌓은 성벽에는 몸을 숨긴 채 총을 쏠 수 있는 성가퀴인 치첩雉堞을 55개 쌓았으나 지금은 4m가량의 흔적만 남아 있을 뿐이다. 내부에 방형方形의 화약고 터가 남아 있다. 1995년 성벽만 전면복원이 이루어졌는데, 대체로 원형을 잘 간직하고 있는 돈대로 꼽힌다.

석벽은 전체적인 지형에 따라 가로줄눈의 높이를 맞추어 쌓았으며, 석재 사이에는 그랭이질을 하여 맞닿은 면을 빈틈없이 하려고 하였다. 상부로 올라가면서 안쪽으로 후퇴시킨 퇴물림 방식을 사용했다.

출입구로부터 우측 40m 지점에 만들어져 있는 석루조石漏槽는 물을 배수시키고 토압土壓을 완화하기 위한 장치이다. 토압을 완화하지 않으면 성벽이 튀어나오는 배부름 현상이 나타나 붕괴의 위험이 높아진다. 이 같은 석누조를 갖고 있는 돈대는 몇 안되는데, 건평, 굴암, 북일곶돈대 등에서도 볼 수 있다.

육지 쪽으로 만들어진 돈대 성문은 화강석을 잘 다듬은 커다란 무사석武砂石을 양옆에 쌓고, 그 위에 평평한 장대석을 건너지르게 놓은 모습이다. 천장은 평천장이며, 문을 설치한 흔적으로 장군목將軍木을 끼웠던 홈인 문둔테가 남아 있다.

18세기 초 고지도에는 삼삼암돈대로 나와 있는 이 돈대는 특히 황해도 연백군, 말도, 볼음도, 주문도, 아차도, 서검도, 미법도 해안의 위급 상황을 교동 통어영과 강화부 본영에 보고하는 역할도 했다고 한다.

남쪽으로는 망양돈대가 1,440보1,870m, 북쪽으로는 석각돈대가 1,080보1,400m 거리에 있다.

삼암돈대의 전체 모습. 약간 길쭉한 원형이다.

돈대 내부. 상단부에 몸을 숨긴 채 총을 쏠 수 있는 성가퀴인 치첩雉堞을 55개 쌓았으나
하나도 복원되지 않았다.

(왼쪽) 눈에 익은, 그러나 보기 민망한 현대식 간이 계단이 놓여 있다.
(오른쪽) 서쪽의 해협을 향해 있는 포좌. 안쪽에 포탄을 수납할 수 있는 공간인 이방耳房이 있다.

출입구 우측 40m 지점에 있는 석누조

좌의 포안을 통해 내다본 바깥 풍경

포안이 보이는 삼암돈의 성벽. 면석을 그랭이질하여 빈틈없이 아귀를 맞추어 쌓았다.

6 외포리 젓갈시장 옆 망양돈대

강화 내가면 외포리
680 소재

외포리 젓갈시장 바로 옆에 있는 망양^{望洋}돈대는 사람들이 가장 많이 찾는 돈대 중 하나다. 그래서인지 원래 남면과 북동면의 일부 석축만 남아 있던 것을 1996년 전면적인 보수정비가 이루어짐으로써 돈대가 거의 온전하게 복원되어 원형을 되찾았다. 조선시대에도 외포리는 주요 지역이라 군이 늘 주둔하던 요충이었다.

1679년^{숙종 5}에 쌓은 48돈대를 기획하고 감독한 이는 병조판서 김석주였고 실무 총괄은 강화유수 윤이제였다. 망양돈대는 그 가운데 하나 외포리 젓갈시장 옆 삼별초 항몽유허비 뒤쪽에 있는 망양돈대. 건너편 석모도와 강화도의 해협 폭이 가장 좁은 길목을 지켰다. (사진/문화재청)

로, 건평, 삼암, 석각돈대와 함께 정포보에 속했다.

조선시대에는 '성안이'라고도 불렸던 정포보井浦堡 군영의 배치 인원은 별장 1명, 군관 33명, 사병 45명, 돈군 24명이며, 군량미 81석, 콩 7석, 첨향미 3석, 간장 2독, 진선 2척, 군기와 군용품 약간이었다.

전하는 말에 따르면, 현재 외포리 일원에 위치한 정포보 군영에는 5칸 규모의 목조 기와집이 있었다고 하는데, 일제강점기 때 관리 소홀로 방치되어오다가 점차 훼손되어 무너져버렸다고 한다.

현재 경작지가 되어 있는 이곳에서 조선시대의 분청자기편, 백자편, 특히 파상문 기와편이 많이 수습되었으며, 그밖에도 방아확돌, 토제 어망추 등도 발견되었다. 현재 정포보 주위의 토성 유구도 방치되고 있

망양돈대의 내부. 아늑한 분위기가 느껴진다. 외포리 젓갈시장 옆이라 탐방객들이 많은 편이다.

거의 원형을 되찾은 망양돈대의 모습

는데, 정밀조사가 속히 이루어져야 할 것으로 보인다.

현재 외포항의 옛이름은 정포항이었다. 옛이름이 유래되었던 유명한 우물은 현재 외포리 사거리 성안정식당 앞마당에 있었는데, 20여 년 전에 묻어버렸다고 한다. 지금 식당의 세로 간판이 서 있는 자리 바로 아래 그 유서 깊은 우물이 잠자고 있다. 문화재 당국이 이 우물을 다시 복원한다면 큰 볼거리 문화재가 될 것이 틀림없다.

망양돈대의 형태는 정방형 구조로 각 면이 32m이며, 높이 3~3.4m, 폭 2.5m, 둘레 130m로, 돈대 중 규모가 상당히 큰 편이다. 돈대는 남서향을 하고 있는데 남쪽은 급경사로 거의 절벽에 가깝다. 포좌는 남면에 2개, 동쪽과 서쪽 벽에 각각 1개씩 설치되어 있다. 성곽 상층부에는 벽돌로 만든 성가퀴여장도 완전히 복원되어 있다.

1999년부터 인천광역시 기념물 제37호로 지정되어 지속적으로 보

강화돈대 순례

존 관리되고 있다.

성벽과 성가퀴의 경계에는 눈썹돌이 가지런히 얹혀져 있는데, 바깥으로 약간 튀어나오게 얹힌 돌을 일컫는다. 미석^{眉石}이라고도 하는 이 돌들의 기능은 이름 그대로 성벽에 대해 눈썹 역할을 한다. 즉, 빗물이 눈썹돌을 타고 흘러 성벽을 적시지 않고 바로 땅으로 떨어지게 함으로써 성벽에 물이 스며들어 겨울에 얼어터지는 것을 방지해주는 것이다.

돈대 동쪽으로 외포항이 있고, 바로 아래 삼별초의 출발지에 세워진 삼별초항몽유허비가 있다. 1993년에 강화군민들이 삼별초의 몽골에 대한 항쟁을 기려 세운 비석이다.

남쪽으로 건평돈대가 3,240보^{3,900m} 떨어진 곳에 있는데, 이 거리는 돈대 간격 중 가장 긴 것이다. 잘 닦은 해안도로와 자전거길이 달리고 있어 주말이면 수도권의 자전거족들이 즐겨 찾는 길이다. 북쪽으로 1,440보^{1,870m} 떨어진 곳에 삼암돈대가 있다.

(왼쪽) 복원된 망양돈대의 석문
(오른쪽) 빗장을 지르는 문둔테 돌과 문설주를 고정시키는 둥근 홈의 지도릿돌은 원형 석재이다.

눈 온 날의 망양돈대. 성곽 상단부의 성가퀴도 완전히 복원되었다.

민가에 가까워서인지 많은 석재들이 유실되어 원형은 기단부의 몇 줄만 남았다. 성벽
과 여장의 경계에 돌출한 돌은 눈썹돌로, 빗물이 직접 성벽을 타고 흐르지 않게 하는
역할을 한다.

(왼쪽) 포좌. 해협을 향한 서벽에다 내었다.
(오른쪽) 포좌 안 한쪽 벽에는 포탄 저장 공간인 이방耳房이 만들어져 있다. 누군가 치성을 드린
흔적이 보인다.

포안으로 내다본 남쪽 풍경. 외포항이 보인다. 원래 이름은 정포항이었다.

⑦ 손대다 갑자기 멈춘 '미복원' 건평돈대

강화군 양도면 건평리
산39 소재

강화도를 에두르는 해안도로에서 건평리 언덕 위에 자리한 건평乾坪돈대는 숙종 5년[1679] 강화에 쌓은 48개 돈대 중 하나다. 정포보현 외포리 소재 군영 소속의 돈대로서, 6조六朝에 올리는 조운의 감시소 역할과 국토방위의 임무를 겸했다고 한다. 일명 성아지돈대로도 알려져 있다.

윤이제가 강화유수로 있을 때, 병조판서 김석주의 명을 받아 설치했다고 전하는 이 돈대는 가로로 길쭉한 직방형이며, 서해에 면한 전면은 완만한 원호를 그리고 있다. 지형에 맞추어 성벽을 올린 탓이다.

강화돈대 순례

4개의 포안은 모두 서쪽의 바다로 향하고 있다. 돈대 단 위에는 낮은 담장에 몸을 숨기고 사격할 수 있는 여장女牆이 38개 있었다고 하나 지금은 흔적만 남아 있을 뿐이다.

복원된 서벽에도 여장은 전혀 복원되지 않았다. 여장이란 몸을 숨기고 적에게 총이나 활로 공격할 수 있도록 성곽 위에 낮게 덧쌓은 담을 말하는데, 여자도 넘을 수 있는 담이란 뜻에서 여장이란 이름이 붙었다. 치첩雉堞, 성첩, 첩, 성가퀴 등, 성가시게도 많은 이름을 가진 구조물이다. 총을 쏠 수 있는 담의 틈새기나 구멍을 총안이라 한다.

돈대의 문지와 좌우 성벽이 붕괴되었으나 전체적으로는 비교적 양

건평돈대 가는 길. 폐축사가 길 옆에 방치되어 있다.

돈대 문도 복원되지 않은 채 방치되어 있다.

호한 원형을 유지하고 있다. 둘레는 121m이며, 1999년 3월 인천광역
시 기념물 제38호로 지정되었다.

이 돈대를 찾기 위해 내비게이션에다 찍으면 해안도로의 한 절벽 아
래로 안내하는데, 거기서는 절대 절벽 타고 오를 수가 없다. 건평삼거
리에서 마을 쪽으로 꺾어들어가 절벽 뒤쪽으로 둘러가야 한다. 접근성

강화돈대 순례

새로이 말끔하게 복원된 포좌

을 좋게 하기 위해 절벽에다 데크 계단을 설치하면 좋을 듯싶다. 도로 쪽에서 올려다보면 돈대 성벽이 보이지만, 일부러 목을 꺾고 보지 않는 한 잘 눈에 띄지는 않는다. 돈대에 올라서면 서해 바다가 시원스레 보이고, 아래로는 해안도로가 달리고 있다. 건평항도 손에 잡힐 듯 보인다.

이래저래 쓸쓸한 곳에 외로이 있는 돈대는 그래서인지 복원의 손을 대다가 만 듯, 앞면 일부는 나름 깔끔하게 모양을 정돈했는데, 뒤쪽 반은 허물어진 채 그대로 방치되고 있다. 하던 김에 다 복원하지 왜 그랬을까? 다행인 것은 접근성이 좋지 않다 보니 석재가 많이 유실되지 않

(위) 아무렇게나 나뒹굴고 있는 성벽 돌들. 저 돌들이 제자리를 찾아야 돈대가 제 모습을 찾을 것이다.
(아래) 건평돈대에서 발굴된 17세기 불랑기포. 제작연대, 제작자 등 상세한 기록이 몸체로 새겨져 있
다. (출처/인천시립박물관)

았다는 점이다. 지금이라도 조금만 인력을 투입하면 쉬 원형을 찾을
듯하니, 관계당국이 조금 더 신경을 써주었으면 하는 마음 간절하다.

　건평돈대에 변화의 조짐이 있으려는지 2017년에는 정밀 발굴조사
가 진행되었고, 무너진 포좌 한 곳에서는 4호 불랑기포佛郞機砲가 출토

강화돈대 순례

되었다. 돈대에 배치된 주력 화포로 알려진 불랑기는 길이 1.05m, 구경 0.04m 크기다. 유럽에서 전해진 서양식 화포의 일종으로, 현대식 화포처럼 포 뒤에서 장전하는 방식으로 몸체인 '모포'와 포탄과 화약을 장전하는 '자포'로 분리돼 있다.

불랑기 몸체에는 한자로 '1680년 2월 삼도수군통제사 전동흘 등이 강도^{강화도} 돈대에서 사용할 불랑기 115문을 만들어 진상하니 무게는 100근이다'라고 새겨져 있다. 불랑기를 제작한 '장인 천수인'의 이름까지 적혀 있다.

인천시립박물관 관계자는 "지금까지 발견된 불랑기 가운데 가장 상세한 기록"이라고 설명하면서 "실전에 배치됐던 불랑기는 돈대의 역사적 기능을 눈으로 보여주는 희귀 유물로, 세계문화유산 등재가 추진되는 강화 해양관방 유적의 가치를 높이는 데 기여할 수 있을 것"이라고 말했다. 복원이 끝나면 발굴된 불랑기포를 전시해두는 것도 좋을 것 같다.

건평돈대를 이 상태대로 방치해둔다는 것은 우리 문화유산에 대한 예의가 아닐 듯싶다. 나머지 복원작업도 조만간 이루어지고, 을씨년스런 폐축사가 있는 진입로도 좀 정리하여 살아 있는 문화재로 탈바꿈하기를 바란다. 부근에는 이건창 선생 묘소도 있으니까, 강화나들길에 편입시키면 우리 문화유산을 두루 살릴 수 있을 법도 하다.

남쪽으로 굴암돈대가 1,440보^{1,870m} 북쪽으로 망양돈대가 3,240보^{3,900m} 떨어져 있다.

전면은 거의 복원이 이루어졌다. 돌출된 기단석은 지형이 가팔라 성벽을 보호하는 기능을 한다.
(출처/강화만사성)

(왼쪽) 성벽에 만든 석누조石漏槽. 토축에 스며드는 물을 배수시켜 토압을 완화하는 역할을 한다.
(오른쪽) 무너진 포좌

돈대 상단부의 성가퀴(여장)는 전혀 복원되지 않았다.

복원작업 전 석재들이 어지러이 널브러져 있는 건평돈대 모습. 멀리 외포항이 보인다. (출처/문화재청)

복원의 손길을 애타게 기다리는 듯하다.

8 아름다운 반원형의 해넘이 명소 굴암돈대

강화 양도면 하일리
산98번지 소재

강화 서안에 있는 굴암^{窟巖}돈대는 숙종 5년¹⁶⁷⁹
강화도 해안선을 따라 축조한 48개 돈대 중 하
나로, 영문에서 직접 관할했다.

바다 쪽으로 돌출해 있는 낮은 언덕에 자리잡고 있는 굴암돈대의 형
태는 특이하게도 뒷면은 일직선, 앞면은 반원형으로 되어 있는 전원후
방^{前圓後方}형이다. 둘레는 115m, 포좌는 모두 바다를 면한 서벽에 설치
되었다. 성곽 위에 덧쌓은 성가퀴^{여장} 36개는 전혀 복원되지 않았다.

강화도와 석모도 사이를 흐르는 강석해협이 가장 깊숙이 꺾어드는

곳에 위치하는 굴암돈대는 북쪽으로는 정포보 소속의 건평돈대, 남쪽
으로는 장곶, 선수, 송강돈대를 포함해 해협 초입 전체가 조망되는 요
충이다.

성곽 위에 올라서면 두루 보이는 바다의 풍경이 시원하게 펼쳐지고
바로 밑의 바다까지 훤히 보이는 곳이라 천해의 요새라 할 만하다. 서
쪽 석모도 방향은 물론 남북으로 이어진 해협 일대도 한눈에 들어오기
때문에 주변으로 오가는 배들을 감시하기에 좋다. 그래서인지 지금도
돈대 가까이 군부대 시설이 들어서 있다.

일명 하일돈대로도 불리는 굴암돈대는 1970년대 북한공작원의 침
투사건으로 군이 주둔하면서 출입금지 지역이 된 적이 있었지만, 1976
년부터 강화의 돈대들이 점차 복원되면서 굴암돈대도 지금은 일반인

굴암돈대 남벽. 원형을 거의 유지하고 있다.

무너진 포좌. 천장돌도 하나 사라졌다.

의 발걸음을 허용
하고 있다. 인천광
역시 기념물 제39
호이다.

현재 돈대의 관리
상태에 석벽 하단
은 정리되어 있는
반면, 상단은 조잡
한 편으로 약간 문제점을 드러내고 있는데, 특히 성벽 밑과 포좌 안으
로 물길이 잡혀 움푹 팬 곳이 더러 눈에 띈다. 큰물이 지면 토사 유출이
심해질 것이고, 이는 결국 성벽 붕괴로 이어지게 된다. 장마가 닥쳐오
기 전에 모래부대로 임시 조치라도 해야 할 것으로 보인다. 성벽의 배
부름 현상도 진행 중으로, 이 역시 해결해야 할 과제이다.

외포리에서 해안도로를 10분쯤 달리면 고개 하나 넘어 바로 굴암돈
대 표지판이 서 있는 것을 볼 수 있다. 그만큼 접근성이 좋다는 뜻이다.
아무리 바쁘더라도 이 돈대를 그냥 지나치면 후회하게 된다. 낙조의
아름다움으로도 이름난 해넘이 명소이다.

강화 해안도로를 달리다가 길가에 굴암돈대 안내판이 보이면 주저
말고 바로 핸들을 꺾어 빼어난 주변 풍광과 우리 문화유산의 아름다움
을 감상하고 가자.

남쪽으로 송강돈대가 1,098보1,320m, 북쪽으로 건평돈대가 1,440보
1,730m 거리에 있다.

(위) 돈대 입구가 있는 북벽. 복원 때 비정형 돌을 그대로 이용해 고졸한 느낌을 준다.
(아래) 아름다운 모자이크처럼 보이는 굴암돈대의 문

(왼쪽) 천장돌이 무너진 공간으로 해협과 석모도가 보인다.
(오른쪽) 비교적 원형을 유지하고 있는 포좌

돈대 성곽에 오르면 맞은편 석모도 해안과 남북으로 이어진 강석해안이 한눈에 들어온다.

공중에서 본 굴암돈대 (사진/문화재청)

(왼쪽) 포좌의 포안을 통해본 바깥 풍경. 돈대 남쪽으로 마니산 줄기와 해안이 한눈에 들어온다.
(오른쪽) 성벽에 만든 석누조. 토축에 스며드는 물을 배수시켜 토압을 완화하는 역할을 한다.

⑨ 폐타이어 계단이 말해주는 유적 송강돈대

강화군 하도면 내리
102 소재

외포리에서 해안서로를 따라 남하하다 보면 건평항을 지나 내리 삼거리 직전에 왼편으로 돈대 팻말 하나가 서 있는 것이 눈에 띈다. 어쩌면 그 뒤에 서 있는 번듯한 화강암 기념비가 더 눈에 들어올지도 모르겠다. 왼쪽에는 송강수문이 있다.

돈대 팻말 뒤쪽으로 둔덕 옆구리에는 폐타이어 계단이 위태로이 붙어 있는데, 바로 강화 서안을 지키던 송강돈대로 오르는 길이다. 부근에 소루지 마을이 있어 일명 소루지돈대라고도 불리는 이 돈대의 현상황은 폐타이어 계단이 극명하게 말해주는 듯하다. 아무리 폐허의 유적지라도 무엇인가는 더러 남아 있는 법인데, 이 송강돈대에는 약간의 토축과 돌덩어리 몇 개가 뒹굴고 있을 뿐이다. 한때 번듯한 성채를 이루며 강석해협을 굽어보던 위용은 찾을 길이 없다.

　돈대의 북쪽으로 일제강점기 때 인근의 송강수문을 개축하면서 쌓은 제방이 있는데, 주민들의 말에 따르면 제방을 쌓을 당시 돈대의 석재를 기단석까지 뿌리째 들어내어 옮겨 쌓았다고 한다. 그 때문에 돈대의 석재가 대부분 훼손되어 지금은 면석과 기단석 약간, 그리고 토축만 남아 있을 뿐이다. 이처럼 돈대의 원형을 거의 잃어버렸지만 일부 바닥에 남은 석재와 내부 토축의 흔적으로 그 윤곽을 간신히 알 수 있을 정도다.

　송강돈대의 형태는 동서 약 19m, 남북 44m, 둘레는 125m 크기로 길쭉한 직사각형이며 서쪽을 면한 돈대이다. 성첩城堞이 40개이며, 따로 돈장敦將을 두어 강화부 영문營門에서 직접 관할한 중요한 돈대였다.

　보통 강화의 54개 돈대들은 강화부 영문 직할 돈 6개 외에는 모두 지방군 단위인 진鎭이나 보堡에 소속되어 운영되었는데, 대대급인 진이 중대급인 보보다 규모가 좀 크지만 상하관계가 아니라 각기 독립된 부대였다. 이들의 지휘를 받는 돈대는 말하자면 소대급 단위로, 30명 안팎의 군졸들이 돈대에서 수직했다고 하니, 54개 돈대의 병력은 줄잡아 1,600명쯤 되었다는 얘기다.

돈대 가는 길. 한쪽이 가파른 비탈인데도 줄 하나 띄워두었을 뿐이다.

송강돈대 안내판. 잔해들이 흐트러진 폐허 위에 홀로 서 있다.

강화돈대 순례

각 진 · 보에는 규모에 따라 첨사^{종3품}, 만호^{종4품}, 별장^{종9품}이 파견되어 통솔했는데, 첨사가 파견된 지역은 월곶진 한 곳이며, 만호가 파견된 지역은 제물진 · 인화보 · 초지진 · 덕진진 · 용진진이고, 별장이 파견된 지역은 승천보 · 철곶보 · 정포보 · 장곶보 · 선두보 · 광성보이다.

각각의 진과 보에는 3~6개의 돈대가 소속되었다. 요컨대 5진 7보 54돈대가 조선시대 강화도의 총체적인 군 방위체계라 볼 수 있다.

소루지돈대, 솔구지돈대, 송강포돈대 등 많은 별명을 갖고 있는 송강돈대는 흔히 선수돈대와 혼동되기도 하는데, 유수한 백과사전이나 콘텐츠 사이트에서조차 송강돈대가 선수돈대와 같은 것으로 다루어지고 있다. 어디서 이런 착오가 비롯되었는지는 모르겠지만, 선수돈대는 송강돈대의 남서쪽으로 2km 떨어진 곳에 위치하며, 일명 검암돈대라고도 불리는 엄연히 다른 돈대이다.

비록 송강돈대가 오래 전 버려지고 경작지로 이용된 나머지 지금은 거의 폐허로 변해버렸지만 이 또한 우리의 소중한 문화유산인 만큼 시급히 복원에 힘을 기울여야 할 것이다. 다행히 안내판이 세워져 더 이상 경작지로 사용되지는 않고 있지만, 주변의 사유지를 매입하는 등 먼저 환경정비에 나서줄 것을 염원해본다.

송강돈대 남쪽으로는 선수돈대가 360보^{420m}, 북쪽으로는 굴암돈대가 1,098보^{1,320m} 거리에 있다.

입구 쪽에 남아 있는 토축과 면석 한 줄

저렇게 나뒹굴고 있는 석재들도 몇 안 된다.

(왼쪽) 여기가 돈대 문터인 것 같다. 저 긴 장대석은 돈대
문 천장돌이었을 것이다.
(오른쪽) 송강돈대 상상도 (출처/육군박물관)

돈대 서면으로는 그 아래 해안도로가 지나고 그 너머로 철새들이 떼지어 노는 갯벌 바다가 펼쳐져 있다.

10 잘못 알려진 것이 너무 많다
선수돈대

강화 하도면 내리
1831번지 소재

병자호란 때 청나라군에게 강화도가 함락되자
충격받은 조정에서는 강화도를 경강京江:한강
어귀의 긴급 피난처이자 난공불락의 요새로
만들도록 지시했고, 이에 따라 병조판서 김석주의 총감독과 강화유수
윤이제의 지휘로 강화도 해안선을 따라 곳곳에 돈대와 포대를 설치하
여 해안경비를 강화했다.

　이리하여 숙종 5년1679 거국적인 역사로 강화돈대 48개가 축조되었
고, 그 뒤를 이어 추가로 5개의 돈대가 더 보충되었는데, 1690~1696년

사이 남쪽 해안에 축조된 선수船首돈대가 최초로 추가된 돈대였다. 마을과 돈대 이름 선수船首는 글자 그대로 이곳의 지형이 뱃머리처럼 바다를 향해 불쑥 튀어나왔기 때문일 것이다.

돈대 안내판에 "이 돈대는 조선 숙종 5년1679 강화유수 윤이제가 해안방어를 목적으로 함경-황해-강원의 승군 8,000명과 어영군 4,300여 명을 동원해 80일 동안 쌓았던 48개 돈대 중 하나이다"라는 설명은 오류이다. 또한 영문에서 직접 관할했다는 부분 역시 틀린 것이다. 선수돈대는 남쪽으로 있는 장곶돈대, 북일곶돈대, 미곶돈대와 같이 장곶보에 소속되어 있었다. 또 어떤 자료에는 선수돈대를 송강돈대라 하기도 한다는데, 이 역시 명백한 오류다. 송강돈대는 부근에 따로 있다. 이 같

선수돈대 남쪽 정면 모습

남쪽으로 난 돈문. 안쪽에서 본 모습.

은 잘못된 사실들은 유수한 백과나 콘텐츠 사이트에도 그대로 버젓이 실려 있다. 관에서 세운 안내판 설명부터 바로잡아야 할 것이다.

화도면 내리 후포항 뒷산 마루턱에 있는 선수돈대는 마니산 등산로를 따라 10분 정도 오르면 해발 약 100m 지점에 자리잡고 있다. 지대가 비교적 높아 좌우 전면은 매우 경사가 급하고 바다가 훤히 잘 보인다. 기록에 의하면, 장곶돈대 서쪽 1,260보에 위치하고 주위가 33보라 되어 있다.

선수돈대는 원래 검암黔巖돈대라 했는데 나중에 선수돈대로 바뀌었다. 가까운 곳에 선수포구가 있는 것과 관련 있을 것으로 추정된다. 또 다른 별명으로 뒷개돈대라고도 불리는 선수돈대의 북쪽으로는 송강돈대, 남쪽으로는 장곶돈대가 있다.

1995년 3월 2일 인천광역시 문화재자료 제10호로 지정되었다.

돈대의 형태는 특이하게도 동서 길이 18m, 남북 길이 32m의 길쭉한 직사각형이며, 북쪽으로 2좌의 포좌를 두고, 동서 방향은 북쪽으로 치우쳐 각각 1좌씩, 모두 4개의 포좌를 두었다. 출입구 시설은 남쪽 면 중앙에 두었다.

약 1.5m의 폭으로 바다 쪽으로 길게 네모난 석축으로 둘러싸여 있으며, 23개 있었다고 전하는 석축 위의 방어 시설인 여장성가퀴은 하나도 남아 있지 않다. 돈대에서 앞을 바라보면 후포 선착장을 드나드는 어선들과 바다 건너 석모도와 해명산이 손에 잡힐 듯 보인다.

이처럼 전망이 뛰어난데다 마니산 등산코스 중 가장 긴 선수항~마니산~정수사 종주코스에 자리잡고 있으므로, 날씨 좋은 날을 하루 잡아 이 코스에 도전할 겸 선수돈대의 고즈넉함을 즐겨보는 것도 썩 괜찮은 선택지의 하나가 아닐까 싶다.

서쪽으로 장곶돈대가 1,260보1,519m, 서쪽으로는 송강돈대가 360보420m 거리에 있다.

(왼쪽) 문짝의 문설주를 고정시키는 지도릿돌의 구멍들이 보인다.
(오른쪽) 돈문의 빗장인 장군목을 박는 무사석의 홈이 보인다. 문둔테라고 한다. 장군목을 여기다 대면 돈문이 견고하게 잠긴다.

돈대 내부. 포좌가 전면에 두 개, 옆면에 각 한 개씩 설치되었다.

선수돈대의 모양은 지형에 맞춰 축조하다 보니 방형 돈대 중에서도 유난히 길쭉한 것이 특색이다.

돈대 상단부의 너비는 약 1.5m이다. 원래 23개의 성첩이 있었다고 하는데 하나도 복원되지 않았다.

선수돈대의 외부 성벽 모습

공중에서 본 선수돈대의 모습. 바로 앞에 선수포구가 보인다. (사진/문화재청)

⑪ 강석해협의 길목을 지킨다
장곶돈대

강화군 화도면 장화리
산113 소재

조선시대 병자호란 뒤 강화도 해안방위를 위
해 효종~영조에 이르기까지 수많은 돈대들이
축조되었는데, 총 54개 돈대 중 48개가 1679년
^{숙종 5}에 지어졌다. 장곶^{長串}돈대는 미곶돈, 북일곶돈, 검암돈과 함께 장
곶보에 소속되어 있었다.

'긴곶돈대'라고도 불리는 장곶돈대 역시 이때 축조된 것으로, 자연적
인 지형을 이용하여 그 위에 작은 요새를 만든 것이다. 마니산의 서쪽
에 자리한 상봉^{上峰, 254.6m}에서 바닷가 쪽으로 돌출한 능선의 경사면에

자리잡아서 관측과 방어에 매우 유리한 조건을 갖췄으며, 내부 지름이 31m인 원형 구조로 둘레가 128m, 석벽 높이 210cm~350cm이다.

40~120cm의 네모난 돌을 3m 높이의 둥근 형태로 쌓은 후, 해안을 향해 4개의 포좌를 설치해놓았다.

돈문 안쪽에는 문짝의 문설주를 고정시켰던 지도릿돌의 둥근 홈과 양옆 무사석의 문둔테 홈이 남아 있다. 이 문둔테 홈에 빗장격인 굵은 장군목을 양쪽에 있는 구멍에 두 끝을 끼우고 문짝에 달린 고리를 장군목에 걸면 굳게 돈문이 잠긴다.

강화도와 석모도 사이를 흐르는 강석해협 초입에 자리한 장곶돈대는 전략적으로 매우 중요한 요충 돈대로, 종9품의 별장과 군관 15명에, 배치된 토졸만 86명에 달했다.

성곽의 상단부에는 전으로 된 여장성가퀴이 90cm 간격으로 설치되었던 흔적이 남아 있다. 기록에 따르면 성가퀴의 수는 40개라고 하지만 현재 복원되지 않은 상태이다.

1993년 현지 석재를 사용해 오늘날과 같은 모습으로 부분 보수했으나, 아쉽게도 여장은 복원되지 않았다. 1995년부터 인천광역시 기념물 제19호로 지정되어 보존 관리되고 있다.

장곶보는 현재 경작지가 되어서 현상을 파악할 수 없으나, 강화도에 설치되었던 12진보 중 하나로 강화도 관방 유적 연구의 중요한 자료이다. 다른 진보에 비해 조금 늦은 숙종 2년[1676] 신설되었으며, 군관 27명

장곶돈대의 내부 모습 (사진/문화재청)

을 포함해 모두 145명의 병력이 주둔했던 것으로 기록되어 있다.

장곶보의 위치는 장곶돈에서 북일곶으로 가는 사이에 좌측으로 장화감리교회 하단 부근이며, 육군박물관의 현지 조사 때 주민 동의로 지금 5cm와 2cm의 철환, 8cm의 석환 1개 등을 볼 수 있었다.

그밖에도 기와편, 백자편들이 산재해 있으며, 장곶보에 사용되었던 석재들로 추정되는 것들이 주위 민가들의 건축자재로 사용되었다고 한다.

남쪽으로는 북일곶돈이 1,260보¹·⁵ᵏᵐ, 북서쪽으로 선수김알돈대가 1,260보¹·⁵ᵏᵐ 떨어진 거리에 있다.

(왼쪽) 장곶돈대의 암문. 둥근 구멍이 파인 지도릿돌
두 짝이 보인다.
(오른쪽) 장군목을 박던 문둔테 홈

복원되기 전의 포안과 성벽

장곶돈대 벽에 만들어진 돌확

포좌 안. 왼쪽에 포탄 수납 공간인 이방耳房이 마련돼 있다.

복원되기 전의 포안과 성벽

돈대 성곽 위에서 바다 풍경을 즐기는 돈대 투어객. 돈대들은 모두 조망이 좋은 데에 자리잡고 있다.

돈대
꿰미길
두 번째

강화 남해안의 강화돈대

12 호젓한 산길 1km 걸어간다
북일곶돈대

강화군 화도면 장화리
산361 소재

북일곶北一串돈대는 숙종 5년[1679] 강화유수 윤
이제가 지휘하여 축조한 강화 48돈대 중의 하
나로, 뒤꾸지돈대라고도 한다. 참고로, '유수留
守'란 수도 이외의 요긴한 곳을 맡아 다스리던 정2품 외관外官 벼슬로,
왕의 흔적이 남아 있는 옛 도읍지나 행궁이 있던 곳, 군사요충 등지를
관리하는 고위 관료이다.

어쨌든 6개월 만에 작은 성곽 48개를 완축했다는 것도 대단한 일이
지만, 돈대 한곳 한곳의 압도적 관측 지점을 찾아낸 것도 놀라운 안목

산길을 1km나 걸어들어가야 닿는 북일곶돈대. 돈대 바로 앞에는 해병 초소가 있다. 남쪽 해안의 돈대 중 접근성이 가장 안 좋다.

이 아닐 수 없다. 그래서 그런지 상당수의 돈대는 지금도 군사 시설의 일부로 사용되고 있는 '살아 있는 유적'이다.

강화 남쪽 해안의 서쪽 끝 장곶돈대 아래에 자리잡은 북일곶돈대는 선수, 장곶, 미곶^{미분지} 등의 돈대와 함께 장곶보의 관리 하에 있었다.

뒤쪽의 산줄기가 차츰 낮아지면서 해안선과 만나는 높은 북일곶 산 등성이에 세워진 이 돈대는 서쪽 해안선과 좌우측이 급경사를 이루고 있으나 돈대 터는 조금 넓은 편이다. 석벽이나 돈문, 포좌 등이 부분적으로는 붕괴되기는 했지만 비교적 원형이 잘 보존되어 있는 편이다. 육지 쪽에서 이 돈대에 접근하려면 산길을 1km나 걸어들어가야 하는 점이 돈대의 보존에 유리하게 작용한 듯하다.

비록 접근성이 남쪽 해안 돈대 중 가장 떨어지는 곳이나, 호젓한 산행을 즐기는 성향이라면 오히려 선호하는 돈대가 될 수도 있다. 특히 꽃피는 봄철에 이 돈대를 찾으면 돈대 안팎으로 흐드러지게 피어 있는 야생화들을 감상할 수 있는 보너스도 기다리고 있다.

북일곶돈대의 석벽은 내

성벽에 만든 석누조. 일종의 배수구로 석축 속의 토압을 완화하는 기능도 있다. 튀어나오게 만든 것은 물이 성벽을 타고 흐르지 않게 하기 위해서다.

외를 석축한 협축으로, 석축은 면석을 그랭이질과 퇴물림 기법을 사용하여 아래에서 위로 올라가면서 점차 들여쌓아 벽체가 견고하다.

돈대의 규모는 높이 2.5m, 둘레 128m의 직사각형으로, 포좌 4곳과, 성곽 위에는 몸을 숨길 수 있는 낮은 담, 치첩 40개소가 있었지만 지금은 흔적만 남아 있다. 돈대의 포좌는 남쪽을 향해 2개, 동쪽과 서쪽 해상을 향해 각 1개씩이 설치되어 있다. 돈대에는 보통 약 30명 안팎의 병졸들이 숙영했으며, 주력 화기는 조선 후기에 가장 많이 사용되었던 불랑기포였다고 한다.

북일곶돈대 내부의 모습. 비교적 원형을 잘 보존하고 있으나, 성곽 위의 여장은 복원되지 않았다.

강화 남쪽 바다가 한눈에 들어온다.

강화돈대 순례

2019년 이 돈대에 대한 발굴조사가 진행되었는데, 그 결과 돈대 내부에 온돌과 구들을 갖춘 돈사로 추정되는 건물 터가 확인되었다. 출입문 상단에는 문둔테를 끼웠던 구멍이 있지만 지대석에는 이것이 없는 것으로 보아 원형을 잃은 듯한 느낌이다. 통로의 양측면 벽에는 빗장인 장군목을 끼웠던 네모난 홈이 있다.

특히 북일곶돈대는 덕진-선수돈대와 함께 인천문화재단 인천역사문화센터에서 주관하는 조사 대상 돈대로 선정되었다. 이 사업은 강화돈대의 유네스코 문화재 등재에 대비해 돈대 등 독특하고 중요한 역사적 가치를 지닌 강화 지역 관방 유적의 학술연구와 보존·관리·활용을 위한 기초자료를 얻기 위한 것으로, 레이저스캐너와 무인항공기UVA 등 첨단장비를 활용한 정밀 실측조사를 통해 유적의 도면은 물론 3차원 영상, 주변 토지현황 자료 등을 확보하게 된다.

이 돈대는 1999년 인천광역시 기념물 제38호로 지정되었으며, 2019년 시굴조사에서 조사지역 전반에 걸쳐서 건물지와 관련된 유구와 유물들이 확인되어 추후 정밀 발굴조사가 필요하다는 평가를 받았다.

북일곶돈대가 있는 장화리 마을은 강화에서도 해넘이 풍경이 가장 아름다운 곳으로 손꼽히며, 석모도 남단과 영종도 서쪽의 드넓은 바다가 한눈에 들어오는 조망이 뛰어난 명소이다. 특히 꽃피는 봄에 오면 돈대 둘레에 흐드러지게 핀 복사꽃과 민들레 등 야생화 천국을 즐길 수 있다. 현재 돈대 앞쪽 해안가에는 해병초소가 있지만, 출입은 자유로운 편이다.

동쪽으로 미루지돈대까지는 1,440보1,730m, 북쪽으로 장곶돈대까지는 1,260보1,510m 지점이다.

포좌. 모두 4좌가 설치되어 있다.

성곽의 면석들이 그랭이질로 아름답게 축조되었다. 성벽 위의 돌출된 돌들은 미석(눈썹돌)으로, 빗물이 직접 성벽을 타고 흐르는 것을 막아주는 기능을 한다.

포안으로 내다본 풍경. 갯벌이 넓게 발달되어 있어 천혜의 요새이다.

해안으로 돌출한 곶의 정상에 자리잡은 북일곶돈대의 아름다운 모습 (사진/문화재청)

⑬ 환상적인 봄의 아름다움
미루지돈대

강화 화도면 여차리
170-2 소재

예로부터 강화도는 우리나라 서해 연안에서
진입하는 적선을 차단하는 길목에 위치해 전
략적으로 중요한 요충지였다. 예성강·임진
강·한강 등의 물길을 따라 개성·한성 등 왕도를 비롯한 중부 내륙지
방으로 외적이 침투하거나, 황해도 이북으로 북상하는 것을 차단하는
최전선에 자리한 강화도는 몽골족의 침입과 병자호란 당시는 왕실의
긴급 피난처가 되었기 때문에 최근세까지도 해안방비에 심혈을 기울
여왔던 곳이다.

강화돈대 순례

강화도 남서부의 해안을 감시, 방어하기 위해 축조된 미루지彌樓只돈대는 조선 숙종 5년1679 강화유수 윤이제가 설치한 48개 돈대 중 하나로, 축조 당시의 이름은 미곶돈대였다.

미루지 마을 안쪽 깊숙이 자리잡은 미루지 돈대는 이름도 많아 미루돈대, 미곶돈대, 미곶보라고도 불린다. 각기 3km 간격으로 있는 북일곶, 장곶, 선수갈곶돈대와 함께 장곶보에 속했다.

'미루지'란 이름의 한자 역시 미륵 미彌 자와 아름다울 미美 자를 같이 쓰기도 한다. 마을 이름 '미루지'는 동네 지형이 바다 쪽을 바라보면 다락방에 앉은 모양 같다는 데서 유래된 것이라 한다.

노란 꽃다지들이 만개하여 아름다운 풍광을 빚어내는 봄의 미루지돈대

340년 오랜 세월을 거뜬히 견뎌낸 미루지돈대의 홍예문. 돌도 원형 그대로다.

보통 천장석에 홈을 파는 지도릿돌이 특이하게도 별
개의 돌로 되어 있다.

미루지돈대는 마니산 줄기
가 남쪽 해안에 닿는 끝자락
묏부리인 미곶_{彌串}에 자리잡아
주변 조망이 좋다. 양쪽으로는
만곡된 갯벌이 펼쳐져 있다. 이
같은 지형적 조건은 보통 산을
등지고 중턱에 자리잡고 있는
여느 돈대와는 다른 특징이다.

　미루지돈대의 형태는 원형
으로, 지름 37.5m, 높이 2.2m,

벽체 두께 4m, 둘레 116m의 규모이며, 성곽은 40~120cm의 장방형

　　　　　　　　　　　　　　　　　　　　　　　강화돈대 순례

돈문 안으로 들여다본 돈대 내부 모습

돌로 축조했다. 포좌는 4개인데, 모두 여차리 해안 쪽을 향하고 있다.

돈대 내부 동쪽으로는 숙영지로 쓰였을 듯한 건물터가 남아 있는데, 크기는 동서 5.7m, 남북 10m 정도이다. 성곽 상단부에는 몸을 숨기고 사격할 수 있도록 낮게 쌓은 여장城가퀴의 담의 흔적이 보이나 현재는 남아 있지 않다. 다만, 동벽에 6.5m 정도의 잔존 여장이 불완전한 형태로 발견되었는데, 이처럼 여장이 남아 있는 돈대는 이곳과 후애돈대뿐으로, 돈대의 여장 연구에 귀중한 자료가 되고 있다. 기록에 따르면, 38개의 여장이 있었다고 한다. 1993년 보수 때 아쉽게도 여장은 복원되지 않았다.

이처럼 여러 가지 특징을 지닌 미루지돈대이지만, 무엇보다 가장 큰 특징은 여느 돈대들이 평거식平据式 문인 것과는 달리 무지개 모양인

홍예문虹蜺門이라는 점이다. 그것도 오랜 세월감이 묻어 있는 돌로 된 원형의 홍예문이 그대로 보존되었다는 것이 놀랍다. 문설주를 고정시키는 지도릿돌樞石이 별도의 돌로 이루어져 있다는 점도 이채롭다. 보통 상부의 지도릿돌 홈은 덮개돌에다 파는 것이기 때문이다.

어쨌든 미루지돈대의 감상 포인트는 아름다운 원형을 간직한 홍예문이라는 점에 이의를 달 사람은 없을 듯하다. 특히 야생화들이 지천으로 피어나는 요즘 같은 봄날 미루지돈대를 방문한다면, 돈대 바닥 가득히 펼쳐져 있는 아름다운 꽃다지 양탄자를 볼 수 있다. 노란 양탄자 여기저기에 민들레, 제비꽃들이 점점이 박혀 있어 환상적인 아름다움을 빚어내고 있다.

또 가을에 방문한다면 돈대 가는 길 아래 바닷가에 넓게 물들이고 있

동벽에 남아 있는 여장의 흔적

가을의 미루지돈대 가는 길. 갯벌 식물인 붉은 나문재가 해변을 뒤덮고 있다.

는 붉은 나문재밭의 아름다운 해안 풍광을 만끽할 수 있다. 바닷가의 소금기 있는 땅에서 자라는 나문재는 한해살이풀로, 줄기는 1m까지 곧게 자라고, 가을에 붉게 변한다. 어린 순은 식용 나물로 건강식품이다. 강화나들길 20코스를 걸으면 볼 수 있다.

동쪽으로는 송곶돈대가 870보1,040m, 북서쪽으로는 북일곶돈대가 1,440보1,730m 거리에 있다.

오랜 세월감이 묻어 있는 성벽. 퇴물림(들여쌓기) 기법으로 쌓아 벽체의 견고성을 강화했다.

돈군들의 숙영지가 있었던 듯한 건물터. 한 돈대에 보통 30명 안팎의 군졸들이 근무했다.

공중에서 본 미루지돈대 (사진/문화재청)

14 동막해변의 제1명당 송곶돈대

강화군 화도면 동막리
182 소재

한반도의 중심에 위치해 우리 역사와 부침을 같이한 강화도에는 다양한 시대의 문화유산이 산재해 있지만, 그중에서도 강화를 상징하며 강화의 역사적 특성을 가장 뚜렷이 보여주는 것을 하나 꼽는다면 단연 돈대일 것이다.

중국에서 기원한 군사시설인 돈대는 남한산성 등 다른 방어시설에서도 돈대를 확인할 수 있지만, 강화돈대는 다른 어느 곳의 돈대보다 역사적·군사적으로 특별하고 중요한 가치를 가지고 있다.

두 차례의 치욕적인 호란을 거치면서 조선왕조는 국가 위급시 최후의 보장처가 필수적이라고 자각했다. 그리하여 전략적 요충지인 강화도를 난공불락의 요새로 만든다는 전략에서 강화섬 해안선 100km를 따라 돈대 축조에 대대적으로 나선 결과 강화도는 요새의 섬이 되었다. 이처럼 섬 하나를 요새화하기 위해 해안선을 따라 촘촘히 돈대를 쌓은 경우는 세계적으로 강화가 유일하다.

이처럼 외적의 침략에 대해 방어와 측후를 맡았던 이들 돈대는 모두 해안선 중에서도 조망이 좋은 곳에 축조되었기 때문에 주변 경관이 빼어나 오늘날에도 관광객들에게 사랑받는 곳이 되고 있다. 특히 자연

펜션 집 마당 끝에 있는 송곳돈대 초입. 벚나무 뒤쪽에 토축이 보인다.

과 역사에 관심 깊은 사람들이 즐겨 찾는데, 오로지 돈대 탐방만을 목적으로 한 여행객들도 늘어나는 추세를 보이고 있다. 강화도 지도에 돈대들의 장소를 표시한 디자인이 된 티셔츠를 만들어 입고 본격적인 '돈대 투어'를 나서고 있는 것이다.

이 같은 돈대 투어는 한국뿐 아니라 세계적으로도 오로지 강화에서만 할 수 있는 특별한 투어다. 역사와 자연을 함께 감상할 수 있는 '돈대 투어'는 앞으로도 꾸준한 인기 여행 티켓으로 자리잡아갈 것으로 보인다.

강화 동막해수욕장 가까운 해안가에 위치한 송곶松串돈대는 동막돈대라고도 불리는데, 조선 숙종 5년1679 강화 해안선을 따라 대대적으로 축조되었던 48개 돈대 중 하나이다. 해발 10m의 비교적 낮은 구릉에 위치하는 송곶돈대는 서쪽 바다로의 조망이 매우 좋은 요충지로, 갈곶돈대 별장에 잠시 배속되었다가 진무영에서 직접 관할한 중요 돈대였다. 돈대 내부에는 건물을 두어 창고와 수직守直하는 병사의 숙소로

(왼쪽) 무너진 돈대 남벽. 돈대는 한 변이 31m인 정사각형이다.
(오른쪽) 돈대 문의 빗장인 장군목을 끼웠던 홈. 둔테 또는 문둔테라고 한다.

강화돈대 순례

삼았다.

그러나 현재는 보존 상태가 좋지 않아 서면 하단의 기단부를 제외하고는 석재가 모두 유실되어 거의 폐허가 된 상태이다. 돈대의 형태는 정사각형으로, 각 면의 길이는 31m이며, 남아 있는 토축으로 미루어 남·북·서벽으로 각각 1문의 포좌가, 동벽에는 출입문이 배치되어 있었던 것으로 보인다.

강화 남쪽 바다가 한눈에 들어오는 위치이기 때문에 얼마 전까지만 해도 군부대에서 이 돈대를 사용했던 것으로 보인다. 돈대 모퉁이 면석에는 흰 페인트로 '無敵'이라는 한자를 크게 써놓은 것을 볼 수 있다.

송곶돈대에 이르는 길은 해안과 육지 쪽으로 두 갈래가 있는데, 육지 쪽 길은 제대로 확보되지 않아 개인 소유의 펜션 집마당을 거쳐가게 되어 있다. 그래도 인심 좋은 펜션 주인이 마당을 오픈해주어 둘렛길이 지나게 되었는데, 마당에서 벗어나면 바로 송곶돈대가 나온다.

아무렇게나 흩어져 있는 석재들과 무너진 돈대 문이 쓸쓸한 풍경으로 나들객들을 맞고 있지만, 지금까지 한번도 복원의 손길이 미치지 않은 듯하다. 다만 군에서 세운 돈대 안내판 하나만 덩그러니 서 있을 뿐이다. 흙더미로 뒤덮인 육축부를 파헤치면 상당한 양의 석재들이 나올 가능성이 있어 보인다.

지금은 사유지인 펜션집 마당을 지나야 돈대에 접근할 수 있는데, 접근로부터 확보하는 것이 시급해 보인다. 더 훼손되기 전에 지금이라도 복원에 나서면 원형을 되찾는 데 큰 어려움은 없을 것 같다.

동쪽으로는 분오리돈대가 420보550m, 서쪽으로는 미루지돈대가 870보1,010m 거리에 있다.

무기고 내지 창고 터였을 것으로 보는 유구. 30명 안팎의 돈병들이 숙식을 했으므로
물자들이 많이 필요했을 것이다.

문터 근처에서 발견한 성혈性穴이 보이는 돈대 석재. 홈구멍이라고 도 하는 성혈이란 선사시대 예술의 일종으로, 돌 표면을 깎거나 파 내어 도형을 만든 것을 말한다. 주술적인 의미가 들어 있다.

기단부가 비교적 가장 많이 남아 있는 돈대 서벽. 모퉁이 면석에 흰 페인트로 쓴 '無敵' 자가 보인다.

(왼쪽) 돈대 문터. 한쪽 무사석들 일부만 용케 살아남았다.
(오른쪽) 남쪽을 향하고 있는 포좌 자리

15 초승달 모양의 아름다운 성채
분오리돈대

강화군 화도면 사기리
산185-1 소재

강화돈대는 종래 53개 돈대로 알려져 있었고,
돈대 안내판에도 모두 그렇게 적혀 있지만, 정
확한 돈대의 수는 모두 54개인 것으로 밝혀졌
다. 숙종 5년[1679] 최초의 돈대 48개가 완축된 후 보강을 위해 지속적인
돈대 축성이 뒤따랐는데, 송해면 당산리의 빙현돈대[1718, 숙종 44], 양사면
철산리의 철북돈대[1719, 숙종 45], 북성리의 초루돈대[1720, 경종 즉위년]와 작성
돈대[1726, 영조 2] 등, 대부분 한강 어귀인 강화 북부 연안을 따라 축조되었
다. 이는 모두 한강 하구 방면의 해안 방어선을 강화하기 위한 것이다.

강화돈대 순례

위에서 내려다본 분오리돈대, 지형에 맞춰 축조해 아름다운 초승달 꼴이다. (사진/박동화)

　이렇게 한동안 53개 돈대 체제로 유지되다가 19세기 병인-신미양요 이후 강화 남쪽 불은면 덕성리에 용두돈대가 들어섬으로써 모두 54개가 되었다. 이 같은 사실은 1999년 육군사관학교 박물관의 발굴조사에서도 확인되었다.

　물론 300년 세월이 흐르는 동안 혁파되거나 멸실된 돈대들도 적지 않아 현재 비교적 온전한 돈대의 수는 손가락에 꼽을 정도이고, 웬만큼 형태를 유지하고 있는 돈대들도 몇십 개에 지나지 않는다.

　그렇다면 왜 이토록 많은 돈대들이 갑자기 축조되었던 것일까? 그 뒷면에는 슬픈 역사의 상처가 도사리고 있다. 바로 인조의 삼전도 굴욕으로 상징되는 병자호란이다. 청나라 침략군에게 온 국토가 짓밟히

분오리돈대의 성벽. 성곽 위 여장이 복원되지 않아 상단부에 오른 탐방객들이 위태해 보인다.

돈대 내부. 지형에 따라 축조해 초승달 모양을 하고 있다.

고 백성들이 어육魚肉 신세를 면치 못하는 참혹함을 겪은 후, 다시는 그 같은 비극을 되풀이하지 않으려면 강력한 국방이 필수임을 자각하게 된 것이다.

청나라에 잡혀가 볼모살이를 했던 효종은 인조를 뒤이어 즉위하자 청의 눈을 피해 강화도를 금성탕지金城湯池의 요새로 만들 계획을 세웠다. 그러나 생전에는 그 꿈을 이루지 못했고, 손자인 숙종대에 이르러서야 비로소 실행하기에 이른 것이다. 그것이 바로 강화돈대의 탄생 배경이다. 숙종의 결단이 없었다면 강화돈대는 태어나지 못했을 것이다. 강화돈대가 200년 후 열강의 조선 침략을 막아내는 데 크나큰 역할을 한 것을 보면 숙종이야말로 호국의 군왕이라 할 만하다.

숙종 5년1679 축조된 최초의 돈대 48개 중 하나인 분오리分五里돈대의 가장 큰 특징은 최고의 전망과 아름다운 초승달 모양의 돈대라는 점

복사꽃 피는 봄에 분오리돈대를 찾은 탐방객들. 성벽에 포안이 보인다.

이다.

분오리는 강화섬의 남쪽 땅끝 마을이다. 남쪽 해안의 중앙, 동막해수 욕장 동쪽 끝에 자리한 분오리돈대는 바다를 향해 돌출한 능선의 끝부 분, 곶을 이룬 지형에 앉혀져 있다. 강화 본섬 남쪽 동검도東黔島의 동검 북돈대를 제외하면 강화돈대 중 최남단의 요충에 위치한 돈대이다.

이곳은 좌우로 깊게 만곡灣曲된 갯벌을 이룬 포구를 끼고 있어 시야 가 매우 넓다. 또한 육지에서 진입할 때는 평지에 가깝지만 해안은 절 벽과 급경사로 이루어져 있다. 한마디로 해안 방어의 요충지다. 또한 평균 조차가 8m에 달하는 바닷물이 빠지면 한없이 너른 갯벌이 펼쳐 져 천혜의 방어벽을 형성한다. 이런 여러 가지 이유로 분오리돈대는 강화영문에서 돈장墩將을 따로 파견해 직접 관할했다.

원형이거나 사각형으로 쌓은 여느 돈대와는 달리 분오리돈대는 특

분오리돈대 문. 문 위에 보 형식으로 질러놓은 긴 돌들 위에 아무렇게나 올려놓은 돌무더기. 원래는 낮은 담인 성가퀴가 있었을 것이다.

이하게도 바다 쪽으로 약간 살찐 초승달 모양을 하고 있다. 북면만 제외한 삼면의 자연 절벽을 활용해 성벽을 쌓았기 때문이다. 동쪽으로는 자연암반을 그대로 활용하여 그 위에 석벽을 쌓아 절벽을 이루고 있다. 성벽은 거칠게 다듬은 네모난 면석을 안팎으로 쌓았는데, 높이는 평균 4~5m, 둘레는 113m이며, 안쪽 둘레는 약 70m, 너비는 12.8m이다. 구조는 다른 돈대와 마찬가지로 내외를 석축한 협축의 석벽을 이룬다.

돈대의 문은 좌우에 화강석을 투박하게 다듬어 만든 커다란 무사석을 쌓고, 그 위에 보 형식으로 장대석을 건너지른 형태이다. 특별하게 생긴 지형에 맞추다 보니 문의 위치가 돈대의 동벽 끝부분으로 치우쳐 있다. 게다가 문은 낮고 폭은 매우 좁아 보인다. 돈문 안쪽에는 문짝을

강화돈대 순례

설치했던 흔적으로 빗장에 해당하는 장군목을 끼웠던 구멍이 선명히 남아 있다. 현재 돈대의 평균 높이는 2.62m, 입구 부분의 최고 높이는 약 4m이다.

초지진의 외곽 포대 기능을 갖고 있었던 분오리돈대는 4개의 포좌가 모두 바다를 향해 앉혀져 있다. 성벽 위에 톱니바퀴 모양으로 쌓은 성가퀴인 치첩雉堞, 여장도 37개가 있었다고 하지만, 현재는 전혀 남아 있지 않다. 1994년에 복원 작업이 이루어졌지만, 아쉽게도 불완전 복원으로 여장은 복원되지 않았다.

조선 숙종 때의 축성 기술을 잘 간직하고 있는 분오리돈대는 여느 돈대들과는 달리 독특한 개성미를 자랑한다. 1999년 3월 29일 인천광역시 유형문화재 제36호로 지정되었고, 강화군에서 관리하고 있다.

강화의 돈대들 중 가장 아름다운 돈대의 하나로 꼽히는 이 분오리돈대에 올라가 사방을 조망해보면, 탁 트인 강화 남쪽 바다가 270도 광각으로 조망된다. 그래서 일출과 일몰을 한곳에서 다 볼 수 있는 최고의 전망대라 할 수 있다. 멀리 영종도와 영종대교 보이며, 또 뒤로는 강화 제일의 산 마니산이 우뚝 서 있다. 강화도 제일의 명승이라 할 만하다.

코로나로 갑갑한 일상에서 벗어나고 싶은 요즘, 분오리돈대에 올라 써늘한 바닷바람을 쐬며 270도 광각으로 바다와 갯벌을 조망해보라고 권하고 싶다. 해질녘이면 더욱 좋을 것이다. 넓은 바다와 그 너머로 떨어지는 낙조를 보면 가슴이 웅장해지는 호연지기를 맛볼 수 있다.

북쪽의 갈곶돈대까지는 1,645보1,970m, 서쪽의 송곶돈대까지는 420보550m 떨어져 있다.

포안으로 내다본 강화 남쪽 바다

성벽 아래로 보이는 분오리항

(왼쪽) 동쪽으로는 자연 절벽 위에 성벽을 올렸다.
(오른쪽) 안쪽에서 본 돈문. 무너진 여장(치첩)의 잔해들이 그대로 방치되어 있다.

공중에서 본 분오리돈대. 멀리 동막해수욕장이 보인다. (사진/문화재청)

⑯ 철저히 버려진 쌍둥이
⑰ 양암-갈곶 두 돈대

양암 : 강화군 길상면 선두리 840 소재
갈곶 : 강화군 화도면 사기리 산 47-1 소재

선두포의 갯골 수로를 방어하기 위해 마주보는 위치에 축조된 양암돈대와 갈곶돈대는 태생처럼 마지막 운명도 닮은꼴이었다.

숙종 32년1706 간척을 위해 선두포와 가릉포에 조선후기 강화 최대 길이 제방인 선두포언과 가릉포언이 갯골 수로를 가로막으면서 드넓은 선두평과 가릉평이 만들어졌고, 이로써 마니산이 있는 고가도古加島가 강화 본섬과 연결되었다.

제방을 만들면서 포구의 기능을 상실하자 양안에 축조된 양암-갈

양암돈대는 다 허물어져 폐허가 되고 말았지만, 돈문의 기둥돌인 문주석은 그대로 남아 있다.

곶돈대도 그 효용성이 사라짐으로써 돈대로서의 기능이 막을 내리고 1718년 폐돈의 운명을 맞게 되었다. 두 돈대가 세워진 것이 숙종 5년이었으니까, 40년 만에 혁파된 셈이다. 그리하여 300년이 흐른 지금에도 철저히 버려진 채 폐허의 모습을 드러내고 있어 찾는 이들을 안타깝게 하고 있다.

이 같은 조선조의 강화도 간척사업은 다분히 외침에 대비해 식량 확보를 위한 것으로, 위급한 상황이 오면 강화를 왕실의 긴급 피난처로 삼기 위한 목적이기도 했다. 이리하여 양암-갈곶 두 돈대는 식량 조달을 위한 간척사업에 그 자리를 양보할 수밖에 없었다.

양암돈대 상상도 (출처/육군박물관)

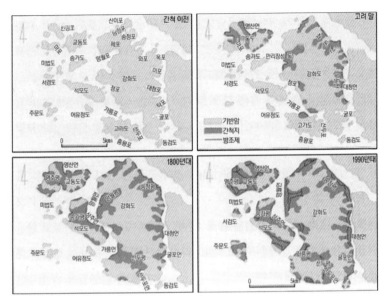

강화 간척사업의 전개 지도. 선두포언과 가릉언이 축조되어 드넓은 선두평이 생겼다. (출처/〈국토와 민족생활사〉, 최영준)

이러한 사례는 비단 선두평뿐만이 아니었다. 강화의 평야는 거의 간척에 의해 이루어진 것으로, 원래는 다 바다였다고 보아도 무방할 정도다. 고려대 최영준 교수의 〈국토와 민족생활사〉에 따르면, 이 같은 간척사업은 지속적으로 전개되어 오늘에 이르러서는 강화도 전체 면적4,245km²의 30%에 해당하는 130km²의 간척지가 평야로 탈바꿈했다. 이는 여의도 면적2,95km²의 44배에 달하는 방대한 면적이다. 국내에서 한 지역에 이처럼 넓은 간척지가 있는 곳은 강화 외에는 찾아보기는 어렵다. 복잡했던 강화도 해안선은 이 같은 간척으로 인해 현재의 단조로운 모습을 갖추게 된 것이다.

340년 전 숙종 5년1679에 만들어진 48개 돈대 중의 하나인 양암돈대는 이처럼 돈대 중 가장 부침을 많이 겪은 돈대의 하나로, 지금은 형태

얼마 전까지만 해도 서 있던 낡은 안내판이 치워지고 관계당국이 세운 말끔한 안내판. 다행히도 잊혀지지는 않은 듯해 반갑다.

는 간 곳 없고, 돌무더기만 남아 있는 폐허로 존재하고 있다. 현재 돈대의 성벽과 석축 일부가 남아 있으나 문화재로 지정되지는 않았다.

양암돈대의 형태는 사방 폭이 37m 정도인 정사각형이고, 둘레는 143m다. 현재는 하단의 2~3단 면석만 남아 있고, 포좌들이 있던 남-서-북면은 완전히 훼손된 상태이며, 동쪽에 남아 있는 좌우 문주석을 통해 돈대 문터를 확인할 수 있을 뿐이다. 다만 포좌는 덮개돌의 현존 상태로 추정이 가능할 것으로 보인다.

제방이 만들어지기 전까지는 이 돈대 앞에까지 바닷물이 들어왔다. 50년 전 박정희 정권 때 대대적인 추가 간척사업이 이루어져 바닷물이 들락거렸던 곳이 넓은 논벌이 되어버렸다. 생활 터전을 잃어버린 어민들은 보상도 전혀 못 받아 지금도 그 생각에 자다가 벌떡 일어난다고 한다.

　돈대 위에 서서 남쪽을 바라보면 드넓은 선두평 너머로 마니산과 초피산이 보인다. 양암돈대 안은 얼마 전까지만 해도 민간의 경작지로 사용되었으나, 지금은 경작이 금지되고 밭자리만 남아 있다. 폐돈이 된 지 300년이 더 지났을뿐더러 인가들이 가까이 있는 평지에 돈대가 있는데도 면석으로 쓰였던 돌무더기들이 상당량 남아 있는 것이 희한하게 생각된다.

도로 쪽에서 바라본 양암돈대의 폐허. 멀리 뾰족한 초피산과 마니산이 보인다. 선두포와 가릉포를 막기 전까지 바다로 떨어져 있었던 고가도라는 섬이 있었다.

강화돈대 순례

무너진 면석들이 한 줄로 가지런히 놓여 있는 것으로 보아, 누군가 유적을 보호하기 위해 보이지 않는 노력을 기울이지 않았나 하는 생각이 든다. 함부로 돈대를 훼손하면 큰 화를 입는다는 민간신앙도 한몫했을 것으로 보인다. 어쨌든 땅 속을 뒤지면 더 많은 석재들이 발굴될 것으로 보여, 복원에 나서면 웬만큼 원형을 찾을 수 있지 않을까 하는 희망 섞인 기대를 해본다. 세월이 더 지나기 전에 복원작업이 이루어지길 바랄 뿐이다.

동면 성곽 위에서 바라본 돈대 상단부. 과거엔 성가퀴도 있었을 것이다.

선두평을 사이에 두고 마주 바라보이는 갈곶돈대의 상황은 양암돈대보다 더 참담하다. 높다란 갈곶 정상에 터잡은 이 돈대는 한때 위용을 자랑하던 성벽을 이루었을 석재들이 거의 다 사라지고 남아 있는 거라곤 돌무더기 두엇뿐이다. 지대가 상당히 높고 가파른 점을 감안하면, 이는 계획적이고 조직적인 석재 반출작업이 이루어졌을 거라는 느낌을 지울 수 없다. 아마 제방을 보강하기 위해 석재늘을 반출했을 것으로 짐작된다.

현재는 면석들이 거의 남아 있지 않고 약간의 기와편, 백자편만이 뒹굴고 있을 뿐, 겨우 터만 확인할 수 있을 정도이다. 사정이 그러하니 관계당국에서도 어떻게 손써볼 방도가 없긴 하겠지만, 그래도 안내판 하나 나무에 기대놓은 게 전부라니, 너무 무심하지 않나 하는 생각이 든다. 최소한 주변 접근로 정비와 돈대 표지판 정도는 세워줄 수도 있을 텐데 여러모로 아쉬운 느낌을 갖게 하는 돈대다.

칠온지돈대로도 불리는 갈곶돈대의 형태는 토축의 형태로 미루어보아 동서간 35m, 남북간 15m의 장방형 돈대였으며, 동향을 하고 있었을 것으로 보인다. 돈대 내부에 건물을 두어 창고와 수직守直하는 병사의 숙소로 삼았다. 돈대 문터는 현재로서는 확인하기 어려우며, 포좌가 몇 개 있었는지 역시 알 수 없다. 본격적인 발굴작업이 이루어지면 그

(위쪽) 문주석이 있는 동쪽에 가지런히 쌓여 있는 돈대의 면석 무더기. 누군가가 돈대 석재들을 모아놓은 듯하다.

(왼쪽) 동면의 오른쪽 문주석. 높이가 166cm다.

강화돈대 순례

래도 어느 정도 원형을 그려볼 수 있을 것으로 짐작될 뿐이다.

선두평을 사이에 두고 마주보는 양암-갈곶 두 돈대가 만약 복원되어 원형을 되찾는다면 드넓은 선두평 들머리를 장식하는 아름다운 조형미를 자랑하는 유적이 될 것으로 기대된다.

갈곶돈대와 양암돈대 사이의 거리는 1,645보^{1,740m}이며, 남쪽의 분오리돈대와의 거리도 역시 1,645보^{1,970m}이다.

얼마 전까지도 밭으로 쓰였던 돈대터. 지금은 경작금지 팻말이 하나 꽂혀 있다.
그 너머로는 개간 전에는 모두 바다였다.

갈곶돈대 안내판이 나무에 기대어져 있다. 돈대 터에는 뱀그물과 뱀덫들이 널려 있다.

기단석 일부만이 남아 있는 갈곶돈대. 돌의 색깔이 특이하게도 붉은빛을 띠고 있다.

드넓은 선두평을 사이에 두고 건너편 멀리 보이는 산 아래 어디쯤 양암돈대가 있다.

18 단정한 형태의 아름다움
후애돈대

강화군 길상면 선두리
954 소재

숙종 5년¹⁶⁷⁹에 쌓았던 48개 돈대 중 하나인 후애^{後崖}돈대는 양암^{陽岩}돈대, 초지돈대, 동검북^{東檢北}돈대, 장자평돈대, 택지돈대, 섬암^{蟾岩}돈대 등과 함께 길상면에 위치하고 있다. 선두리 어시장 가기 전 도로 옆에 있어서 접근성이 아주 좋으며, 강화나들길 8코스로 걸어도 볼 수 있다. 주차 공간도 비교적 충분하다.

강화의 54개 돈대 중 48개 돈대는 조선 숙종 5년 강화유수 윤이제 재임 시, 어명을 받은 병조판서 김석주의 지휘 하에 함경도, 황해도, 강원도 삼도의 승군僧軍 8,900명과 어영군 4,300명이 80일 만에 완축했다.

빙현돈대는 숙종 44년1718에 유수 권성이 축조했으며, 철북돈대는 다음해인 숙종 45년1719에 유수 심현택이 축조했고, 초루돈대는 그 다음에 숙종 46년1720에 유수 어유구가, 작성돈대는 영조 2년1726에 유수 박사익이 축조했다.

그후 숙원사업이던 선두포 제방이 완성되면서 포구 양쪽에 있던 양암, 갈곶 두 돈대가 무용지물이 돼버리자 강화유수가 조정에 폐기를 상신해 폐쇄했고, 51개 돈대만 수호 관리하게 되었다.

강화 54돈대 중의 하나인 후애돈대는 강화 남쪽 해안 끝자락에 들어서 있으며, 주변 해상과 돈대들을 한눈에 볼 수 있다. 화강암을 이용해 정사각형 모양으로 쌓아올렸으며, 대포를 올려놓는 받침대를 4개 설

바다에서 본 후애돈대의 모습

포안으로 내다본 강화 남쪽 바다

치했다. 둘레가 129m이고, 석벽의 높이는 280cm~500cm이다. 택지
돈대, 동검북돈대와 함께 선두보에 소속됐다.

　돈대 주변 마을에 이 돈대를 훼손하면 재앙이 온다는 전설이 내려오
는데, 이 때문에 돈대를 신성하게 여기고 보호하여 본디 모습이 잘 남
아 있는 편이었다. 후애돈대는 성곽 위의 여장까지 온전하게 복원되는
등 복원이 거의 원형대로 이루어져 단정한 아름다움을 자랑하고 있다.
돈대는 원성元城, 바닥에서부터 여장 아래 눈썹돌까지의 성벽 전체와 여장 일부가
남아 있었는데, 1998년에 보수, 정비했다. 그러나 여장이 있는 상단부
를 시멘트로 포장해놓아 아쉬운 느낌이 든다.

　후애돈대에서 남쪽 동검도의 동검북돈대까지는 1,750보2,100m, 북쪽
의 양암돈대까지는 1,450보1,740m 떨어져 있다.

　　　　　　　　　　　　　　　　　　　　강화돈대 순례

(위) 후애돈대의 여장
(아래) 후애돈대 여장의 총안으로 바라본 강화 남쪽 바다. 넓은 갯벌이 천
혜의 요새를 만들어준다.

후애돈대 문. 기둥돌에는 문짝을 고정시키기 위해 판 구멍이 남아 있다.

(왼쪽) 돈대 문 옆에 놓여있는 돌확 (사진/강화만사성)
(오른쪽) 돈대의 포좌. 4개가 설치되었다.

돈대의 성벽. 면석들이 빈틈없이 맞물려 성벽을 견고하게 버텨준다.

후애돈대 내부. 시멘트로 분장했다. 차라리 잔디를 심는 게 나을 듯싶다.

19 폐허로 방치된 형제 돈대
20 택지-섬암돈대

택지 : 강화군 길상면
선두리 1081번지 소재
섬암 : 강화군 길상면
장흥리 272 소재

오릿길, 2km를 사이에 두고 강화 남쪽 바다를 지키던 택지宅只돈대와 섬암蟾巖돈대는 서로 닮은 점이 많다. 두 돈대 모두 숙종 5년1679에 처음 만들어진 48개 돈대에 속하는데, 현재의 상태는 둘 다 완벽히 훼손되어 폐허가 되어 있다는 점에서 흡사하게 닮았다.

현재 두 돈대 공히 석축 아랫단까지 남아 있지 않을 정도로 완전히 허물어졌을뿐더러, 면석들까지 거의 유실되어 남아 있는 것이 별로 없다.

강화돈대 순례

돌쪼가리들만 나뒹굴고 있는 택지돈대. 원형을 알기 어렵게 훼손되고 평지화된 채 방치되고 있다.

따라서 원형을 알아보기 힘들며, 둘레와 크기도 가늠하기 어렵다.

강화 54개 돈대 중 가장 훼손이 심한 돈대로, 폐허 위에는 돌쪼가리 와 돌무더기만이 뒹굴고 있을 뿐인 택지-섬암돈대는 성벽 일부가 얕 은 둔덕으로 남아 있는 상태다. 어찌 최소한도의 복원도 이루어지지 않은 채 방치되고 있는지 안타까울 뿐이다.

고지도에는 사각형 모습으로 나와 있는 택지돈대는 원래 강화의 남 쪽바다에서 염하로 이어지는 수로를 감시, 방어할 목적으로 축조된 것 으로 택이돈대라는 별칭도 갖고 있다. 남쪽으로는 동검도와 강화 사이 의 해로를 사이에 두고 동검북돈대와 마주하고 있는 요충지이다.

해안남로 선두리를 지나다 보면 길가에 조그만 '돈대' 표지판 하나

택지돈대의 성곽은 간데없이 사라지고 돈대는 평지화되었다.

폐허가 되기 전 택지돈대의 모습 (사진/한국학중앙연구원)

가 서 있고, 산길을 따라 100여 미터만 올라가면 택지돈대 안내판 하나
만이 탐방객을 맞아준다. 그 뒤로 누워 있는 돈대 터에는 돌무더기 몇
개만 뒹굴고 토축 일부만 있을 뿐, 정말 아무것도 남아 있는 것이 없다.
이건 조직적·계획적으로 석재들을 반출해갔다는 증거다. 근처의 제
방을 쌓는 데 대거 사용되었다고 한다.

2km 동쪽에 있는 섬암돈대도 택지돈대와 거의 같은 운명을 겪었다.
택지돈대와는 달리 해안가 야산의 정상부에 자리한 섬암돈대는 어떤
면에서는 택지돈대보더 더 방치되고 있다. 길가에 돈대를 안내하는 표
지판 하나 서 있지 않고, 접근로는 아예 없다. 쓰레기와 폐영농자재가
뒹구는 산길을 어찌어찌 헤매다가 어렵사리 발견한 것이 엎어진 채 쓰
러져 있는 돈대 안내판이다. 그냥 두고 볼 수가 없어 끙끙대며 일으켜
세워 옆의 나무에다 기대놓았다.

이 돈대 역시 해방 후 근처 제방을 쌓는 데 돈대의 석재들을 모두 가

앝은 둔덕과 뒹구는 돌쪼가리들이 이곳이 돈대 터임을 말해준다.

저다 쓴 바람에 현재는 남아 있는 면석이라곤 여기저기 뒹구는 몇 개의 돌들뿐, 기단이나 돈문의 사석, 포좌 덮개돌 등은 찾아보기 힘들다. 심지어 어디가 돈문이었는지 그 문지조차도 확인할 수가 없다. 현재 돈대 터는 밭으로 변해 있으며, 한쪽에서 닭을 치는 닭장이 있고, 산 아래쪽 전면은 간척지로서 경작지가 되어 있다.

기록에 따르면, 섬암돈대는 방형이고 둘레가 93보^{128m}, 여장성가퀴은 40개라고 나와 있는 것을 보면 보통 규모의 이엿한 돈대였을 것이다. 두꺼비처럼 생긴 산등성이 위에 앉았다 하여 섬암돈대라 불리며, 드넓은 강화의 남쪽 바다를 굽어보면서 동검도와 강화 본섬 사이의 해협을 지켰을 위엄있는 모습은 이제 찾을 길이 없다. 폐허가 된 택지돈대와 섬암돈대가 과연 원형을 되찾은 날이 올 수 있을까?

택지와 섬암돈대 사이는 2,100보^{2,520m} 떨어져 있고, 섬암에서 북쪽의 멸실된 장자평돈대까지는 2,300보^{2,760m} 떨어져 있다.

택지돈대 터에서 바라본 강화 남쪽 해안. 맞은편 섬이 동검도다.

택지돈대 북쪽에 남아 있는 석재들

택지돈대 측면 상상도
(출처/육군박물관)

택지돈대의 남쪽 해안. 시야가 크게 열려 있는 요충지다.

저 야산 등성이에 섬암돈대가 있다. 섬암의 섬은 두꺼비 섬蟾 자다. 야산 등성이가
두꺼비 모양이라 붙여진 이름이다.

섬암돈대 측면 상상도 (출처/육군박물관)

(위) 쓰러져 엎어진 채 있던 돈대 안내판을 세워 나무에 기대놓았다. 이곳이 섬암돈대임을 증거하는 유일한 물건이다.
(아래) 섬암돈대 가는 길. 쓰레기와 폐축사 등이 있어 을씨년스럽다.

돈대 면석으로 보이는 돌들. 이마저도 몇 개 안 된다.

섬암돈대 아래에 펼쳐져 있는 갯벌. 당시는 왼쪽에 보이는 제방 너머까지 다 바다였다.

21 강화도 바깥의 유일한 동검북돈대

강화군 길상면 동검리 산70 소재 | 동검북東檢北돈대는 강화도 남쪽의 부속섬 동검도의 정상에 축조된 돈대이다. 모두 54개가 세워진 돈대 중 강화도 외의 지역에 세워진 돈대로는 유일하다.

왜 강화도가 아닌 지역에다 돈대를 쌓았을까? 그 답은 섬의 이름을 보면 나온다. 동검도東檢島 –. 강화도의 동쪽 바다를 지나는 선박들을 검문하던 섬이다. 동검도에 올라 사방을 바라보면 영종도와 인천 검단, 김포, 서해바다, 분오리돈대까지 다 보여서 한강을 올라가는 배를 감시

강화돈대 순례

하기 딱 좋은 위치임을 알 수 있다.

이에 비해 강화 서쪽 바다를 감시하던 섬도 있었다. 서검도西檢島가 그것이다. 서검도는 예전에 교동, 양사, 송해면과 연백군, 개풍군 사이 바다를 지나 한강을 통해 한양으로 진입하는 중국의 배를 검문하던 곳이다. 이에 비해 동검도는 일본과 서양 배들이 강화, 김포해협을 지나 한강을 통해 한양으로 들어가는 선박을 조사했다. 조선시대 동·서검도는 한양으로 가는 배들의 해상 검문소였던 셈이다.

동검도는 조그만 섬으로, 면적 1.61km², 해안선 길이 6.9km이며, 주민은 약 70가구 200명이 살고 있다. 섬의 중앙부에 해발 106km의 동검도산이 솟아 있고, 서쪽과 동북쪽 해안은 비교적 완만한 경사지이며, 섬 주변으로는 널따란 연안 개펄이 펼쳐져 있다. 1985년 강화도와 제방도로로 이어져 육지가 되었으며, 이 다리로 인해 섬마을에 버스도 들어오고 잡은 고기를 육지로 내다 팔 수 있게 되었다.

그러나 다리 아랫부분이 아치형이 아닌 매립 형태로 만들어져 바닷물의 흐름이 끊기는 바람에 여러 가지 생태 파괴 현상이 나타났다. 그래서 2015년 동검도와 선두리를 잇는 둑길을 터고 아치형 다리를 세움으로써 막혔던 물길을 되살려 갯벌 생태계 복원이 이루어졌다. 선두리와 동검도 사이의 갯벌은 보호조인 저어새 등 철새들이 서식하는 곳이며, 포구를 따라 갈대밭이 발달해 있어 아름다운 풍광을 자랑한다.

〈조선지지자료〉에 의하면 동검도 안에는 동검도산東檢島山이 있으며

'탁이나루'라는 나루터가 있다고 기록되어 있다. 옛날 삼남^{충남, 전남, 경남}
지방에서 한양으로 올라오는 세곡을 실은 배들이 한강으로 가기 위해
반드시 거쳐야 하는 염하 입구에 위치해 있다. 이 같은 요충에 돈대가
들어선 것은 당연한 이치라 하겠다. 강화의 돈대들은 조선 후기 도성
방위의 전초적 역할을 담당한 방어시설로, 외적의 해안 상륙을 저지하
고 외세의 침입을 효율적으로 차단하기 위해 설치된 국방유적이다.

조선 숙종 5년¹⁶⁷⁹ 강화유수 윤이제가 설치한 48개 돈대 중 하나인
동검북돈대는 해발 106m인 정상에 세워졌으며, 후애돈대, 택지돈대
등과 함께 선두보 소속이었다. 이 돈대의 최대 특징 중 하나는 54개에
이르는 돈대 중 최대의 규모를 자랑한다는 점이다.

보통의 돈대 규모는 둘레의 길이로 가늠하는데, 평균 80~90보 정도

돈대 서면에 있는 문지. 저 흙더미를 파보면 돈문을 구성했던 덮개돌, 무사석 등이 묻혀 있을 것이다.

라는 기록이 나와 있다. 이는 미터법으로 환산하면 약 100m쯤 된다. 그런데 평면 방형인 동검북돈대는 그 둘레가 261m나 된다. 기록에는 209보로 나와 있으니, 보통 돈대의 3배 가까이 된다는 뜻이다. 치첩^{성가}^퀴도 85개나 있었다고 한다.

실제를 현장에서 보면 거의 축구장 크기만 하게 보인다. 따로 떨어진 섬의 돈대를 이처럼 크게 지은 것은 무엇 때문일까? 미스터리가 아닐 수 없다. 다만, 당시는 배로 왕래했던 만큼 보급이 원활하지 못해, 장기 간 병력을 주둔시키기 위해 각종 부대시설들을 수용할 필요성 때문이 아닐까 추측할 뿐이다.

어쨌든 현재의 돈대 상황은 그다지 좋지 못하다. 석벽은 모두 붕괴되어 어디가 포좌인지, 포좌가 몇 개인지도 가늠하기 힘들다. 그러나 서면에서 돈문의 터는 확인할 수 있으며, 그밖에 일부 토축과 면석의 확인은 가능하다. 남쪽 모서리 쪽엔 폐기된 군 참호도 방치된 채 있다.

서남쪽 하단에서는 건물지 2곳이 발견되었으며, 한때 봉수대로 사용되었던 듯한 유구도 보인다. 여기서는 서남 방향으로 약 5km 거리에 위치한 영종도를 볼 수 있다.

지금까지 복원의 손길이 미친 적이 전혀 없는 동검북돈대는 다행히도 인가에 외떨어진 곳에 자리하고 있어 석재의 유출은 그다지 없었던 듯하다. 수많은 면석들이 지면에 노출되어 있고 많은 양이 토축 아래 묻혀 있는 것 같다. 따라서 지금이라도 복원에 나선다면 상당히 원형에 가까운 복원이 가능할 것으로 보인다. 동검도에 동검북돈대라는 아름다운 유적이 명소로 자리잡는 그날을 기다려본다.

북쪽으로 1,250보^{1,500m} 거리에 택지돈대가 있다.

(왼쪽) 돈대 안쪽에서 바라본 문지
(오른쪽) 문지 아래쪽에는 이정표 기둥이 서 있다.

석재들이 흩어져 있는 토축에 면석 하나가 눈에 띈다.

봉홧불을 피운 듯이 보이는 유구. 여기서 남으로는 영종도, 북으로는 염하 입구가 빤히 보인다.

토축 위에 탐방객이 쌓아놓은 돌탑. 우리 유적의 복원을 바라는 마음이 읽힌다.

돈대
꿰미길
세 번째

염하 수로의 강화돈대

22 일본의 조선 침탈 첫 단추
초지돈대

강화군 길상면 초지리
624 소재

병자호란 때 청나라 군사들의 말발굽에 짓밟혔던 쓰라림을 당한 조선왕조는 한양으로 향하는 길목이자 긴급 피난처인 강화의 방어력을 보강하기 위해 새로운 전략을 세웠다. 그중 하나가 서해안 수비체제를 강화도 중심으로 개편하여 경기 서남부 해안의 진鎭들을 강화도와 그 인근으로 옮기는 것이었다.

조선시대 강화의 해안방어 부대인 12진보 중 한 곳인 초지진草芝鎭은 원래 안산安山의 초지량草芝梁에 있던 조선 수군의 만호영萬戶營을 현종 7

년¹⁶⁶⁶ 강화의 염하 수로 초입으로 옮긴 뒤 '진'으로 승격시켜 강화해협
수비 요새로 새롭게 구축한 것이다.

당시 초지진에는 군관 11인, 사병 98인, 돈군^{墩軍} 18인, 목자<sup>牧子. 국영
목장의 일꾼</sup> 210명 등이 배속되어 강화해협을 수비했다. 또한 초지, 장자
평, 섬암돈대 등 세 곳의 돈대를 거느리고 있었는데, 이는 돈대와 본진
간의 협공체제를 통해 수비력을 극대화하기 위함이었다. 초지진에는
군선^{軍船} 3척이 배속되어 있었고, 소속된 3곳의 돈대에는 각각 3개의
포좌를 마련하고 화포를 설치하여 강화해협을 수비했다.

강화해협을 지켰던 1차 방어기지인 초지진은 고종 3년¹⁸⁶⁶ 병인양요

초지돈대의 문. 철판을 덧씌운 육중한 문짝이 달려 있다.

때 천주교 탄압을 구실 삼아 침입한 프랑스 함대와 치열한 전투를 벌였고, 고종 8년[1871] 신미양요 때는 통상을 강요하며 내침한 미국 아시아 함대의 포격과 육전대 450명의 상륙공격으로 점령되면서 군기고軍器庫, 화약고, 진사鎭舍 등이 모두 파괴되었다. 미군은 조선군의 초지진 방어를 돌파한 데 이어 다음날 덕진진을 함락하고 광성보에서 치열한 전투를 치른 끝에 광성보마저 함락했다.

신미양요 때 지휘관이었던 한 미군 대령의 기록이 당시 기개 높던 조선군을 모습을 이렇게 전하고 있다.

"조선군은 근대적 무기도 한 자루 보유하고 있지 못한 채 노후한 전근대적인 무기로 근대적 화기로 무장한 미군을 대항하여 용감히 싸웠다. 그들은 진지를 사수하기 위해 용맹스럽게 싸우다 모두 전사했지만, 아마도 우리는 가족과 민족을 그리고 국가를 위해 그토록 처절하고 강력하게 싸우다가 죽은 국민들을 다시는 볼 수 없을 것이다."

그로부터 4년 뒤 1875년[고종 12] 9월 20일에는 일본 군함 운요호雲揚號와도 포탄을 주고받는 등, 포연이 걷힐 날이 없었다. 이 운요호 사건이 빌미가 되어 1876년 군사력을 동원한 일본에 강압에 의해 불평등조약인 강화도조약[조일수호조규]을 강화 연무당에서 체결하게 된다. 이 조약

초지돈대는 3개의 포좌를 비롯해 총안 100여 개를 갖춘 성가퀴(여장)를 두르고 있다.

강화돈대 순례

으로 인해 조선은 오랜 쇄국의 문을 열고 부산, 인천, 원산을 일본에게 개항하기에 이르렀다. 이는 제국주의 일본의 조선 침탈 첫 신호탄이었다. 그로부터 35년 후 마침내 일본은 조선을 무력으로 제압하고 식민지로 만들었다.

조선에 불어닥친 열강의 침략을 제1선에서 온몸으로 막아섰던 초지진은 연이은 격전 끝에 모두 허물어져 돈대의 터와 성의 기초만 남게 되었는데, 100년 세월이 흐른 1973년에 이르러서야 강화 전적지 보수 정비사업의 일환으로 격전의 현장이었던 초지돈대만 복원되어 현재에 이르고 있는 것이다.

현재 초지진의 진사와 주요시설이 있었을 것으로 추정되는 자리에는 음식점 등 각종 시설이 들어서 축조 당시의 모습을 찾아볼 수 없게 되었다. 1978년 유일하게 복원되어 있는 초지돈대는 높이가 4m 정도이고, 장축이 100m, 둘레가 114m인 둥근 모서리의 삼각형 돈대로, 내부에는 3개의 포좌를 비롯해 총안 100여 개를 갖춘 성가퀴를 두르고 있다.

돈대 안에는 조선말의 대포 1문이 포각 속에 전시되어 있는데, 포각은 정면 3칸, 측면 1칸의 맞배집 홍살로 되어 있으며, 대포의 길이는 2.32m, 입지름 40cm이다.

지금도 성채와 돈대 옆의 400년 된 소나무와 성벽에는 전투 때 포탄에 맞은 흔적이 그대로 남아 있어, 당시 일본 제국주의 침략자들과 맞서 격렬하게 싸웠던 전투상을 그대로 전해주고 있다.

그로부터 150년의 세월이 흐른 후 현재 우리나라는 어떤 상황에 있을까? 선전포고도 없이 진주만을 기습공격해 일으킨 태평양 전쟁에서

패배했음에도 불구하고 한국에 대한 일본의 침략 야욕은 여전해 아직도 독도에 대한 도발의 끈을 놓지 않고 있다. 일본이 집요하게 독도를 물고 늘어지는 데는 원래 한국령이었던 대마도의 반환 요구를 틀어막기 위한 술책이라는 시각도 존재한다.

전범 국가 일본은 우경화로 기운 나머지 전후 이제껏 그들이 저지른 반인륜적인 범죄 행위에 대해 반성과 사죄를 거부함으로써 정의와 양심, 인류애와 같은 고귀한 정신적 가치들을 잃어버렸으며, 그 결과 오늘의 일본 상황이 보여주듯 정신적인 황폐함을 자초하고 말았다.

최근 군함도 유네스코 문화재 문제만 해도, 처음에는 조선의 강제 징용공 내용을 포함시키겠다고 약속해놓고도 결국 역사 왜곡과 날조로 약속을 저버린 일본의 행동은 참으로 후안무치 그 자체라 할 만하다. 그러고도 또 조선인들의 강제징용으로 얼룩진 사도광산을 유네스코 세계유산으로 등재하려는 파렴치함을 보이고 있다.

오랜 기간 우리나라에 말할 수 없는 피해를 입힌 일본이 일말의 반성도 없는 뻔뻔한 모습을 보면, 400년 전 이순신 장군이 남긴 한 마디는 아직도 유효한 명언임을 확인하게 된다.

"왜는 간사하기 짝이 없어 신의를 지켰다는 말을 들어본 적이 없다."

북쪽으로 가면 덕진돈이 1,650보^{1,980m} 거리에 있고, 남쪽으로는 장자평돈대^{장자말돈대}가 900보^{1,170m} 거리에 있다.

(위) 포안으로 내다본 강화해협의 풍경. 멀리 초지대교가 보인다.
(아래) 돈대 남쪽의 모습. 그날의 격전을 지켜본 400년 된 두 그루의 소나무가 돈대와 역사를
같이하고 있다.

포각 안에 전시된 대포. 길이는 2.32m, 입지름 40cm이다.
폭발되지 않는 포알을 700m 날려보냈다.

적의 포탄에 맞은 흔적

성벽의 자국은 포탄의 파편으로 인한 것이다.

150년 전 미국과 일본 등 열강을 상대로 치열한 전투가 벌어졌던 초지돈대. 관람객들이 포각에 전시된 대포를 보고 있다.

23 외세 침탈을 제1선에서 막아낸 덕진돈대

강화군 불은면 덕성리
846 소재

청나라군에게 무참히 짓밟힌 병자호란 이후 조선왕조는 한양의 방어를 강화하기 위한 방편으로 강화도를 요새화하는 방비책을 강구하여 강화 전역에 걸쳐 내성·외성·진보·돈대를 축조했는데, 12진·보鎭堡는 이때 강화도의 해안선을 따라 촘촘히 설치되었다.

초지진과 광성보의 중간에 위치하여 군작전상으로 세 곳의 요새를 연결시키는 구실을 했던 덕진진은 통진반도에서 쑥 나온 덕포진과 더불어 해협의 관문을 지키는 강화도 제1의 포대로, 1679년에 축조된 용

두·덕진 2개 돈대와 1874년에 축조된 남장·덕진 2개 포대를 관할하
는 강화해협에서 가장 강력한 진지였다.

덕진진 소속의 덕진돈대는 남쪽으로는 온수천과 이어지는 갯골과
인접하고 있으며, 서쪽으로는 강화외성과 내측과 외측으로 각각 4개
혈 포좌를 설치했다. 또 돈대의 북쪽으로는 15혈의 남장포대를 설치했
다. 이 같은 돈대와 포대 배치는 온수천으로 들어오는 적선을 막는 한
편, 덕진진을 지나 손돌목으로 북상하는 적선을 저지하기 위해 맞은편
덕포진과 협공할 수 있도록 하기 위함이다.

19세기 외세의 침탈을 제1선에서 막아냈던 덕진진은 병인-신미양
요와 운요호 사건을 거치면서 치열한 항쟁을 거친 끝에 덕진돈대와 남
장포대 등, 진의 시설들이 철저히 파괴되었다.

1866년 프랑스 군의 무력침략한 병인양요 때 양헌수 장군의 부대가
야음을 틈타 이 진을 거쳐 삼랑성三郞城, 정족산성으로 진입, 정족산성을
공격하려던 프랑스 군을 대파함으로써 프랑스 군은 전의를 상실하고
철수할 수밖에 없었다.

5년 뒤인 1871년 신미양요 때는 미국 극동함대에 맞서 덕진진의 남
장포대와 덕진돈대는 대안의 덕포진 포대와 함께 미 함대와 치열한 포
격전을 벌였지만, 마침내 초지진에 상륙한 미해병대에 점령당하는 비
운을 겪었다. 이때 성첩과 문루인 공조루拱潮樓가 모두 파괴되고, 터만
남게 되었다. 이때 건물에 몸을 숨겨서 적과 싸울수 있도록 쌓았던 성

오늘날 복원된 공조루의 모습. 성가퀴로 둘러싸여 있다.

첩성가퀴들 역시 모두 파괴되었다.

조선왕조가 심혈을 기울여 구축한 방어체제도 근대식 신무기를 앞세운 침략자들 앞에서는 여지없이 뚫리고 말았는데, 당시 조선군의 홍이포는 사정거리는 700m, 포알은 폭발하지 않는 대포였던 데 반해, 미군의 함포는 사정거리도 월등할뿐더러 작렬하는 포탄을 날렸다. 또한 심지에 불을 붙여 발사하는 조선군의 화승총은 발사시간이 너무 느렸지만, 미군의 소총은 기계식 격발장치를 갖춘 것이었다. 강화해협 전투의 참패는 과학문명에 뒤진 나라의 피할 수 없는 운명이었다. 이것이 북한과 일본의 핵무장을 허용해선 안되는 이유다.

이처럼 처참하게 파괴되어 100년 넘게 폐허로 방치되었던 덕진진은 1976년 강화 전적지 복원작업의 일환으로 복원되어 성곽과 돈대, 남장 포대를 개축하고, 홍예문 돌만 남은 공조루도 앞면 3칸, 옆면 2칸의 문루로 다시 세웠다. 당시에는 60여 문의 대포가 있었는데, 1977년 복원

당시 15개의 포좌에 대포 7문을 설치했다. 그러나 성곽 위의 성가퀴^여_장 40개는 복원되지 못했다. 원래는 둘레 90보^{120m}의 석성이었지만 지금은 토축으로 둘러져 있을 뿐이다.

지금 덕진진에는 문루인 공조루, 남장포대, 덕진돈대 그리고 대원군의 '해문방수비'가 돈대 남쪽에 세워져 있다. '경고비'라는 이름의 안내판이 세워진 이 비에는 '海門防守他國船愼勿過'의 한자 열 개가 새겨져 있다. '바다의 문을 막고 지켜서 다른 나라의 배가 지나가지 못하도록 하라'는 뜻이다.

북쪽으로 가면 손돌목돈대가 2,010보^{2,410m} 거리에 있고, 남쪽으로는 1,650보^{1,980m} 거리에 초지돈대가 있다.

상류 쪽으로 용머리처럼 해안으로 돌출한 용두돈대가 빤히 보인다.

덕진돈대의 정면 모습. 신미양요 때 미군에게 점령당하는 아픔을 겪었다.

덕진돈대와 함께 강화해협의 관문으로 외세 침략의 맞서 싸운 최대 격전지 남장포대. 7문의 실물 대포 (홍이포)가 설치되어 있다

신미양요 때 덕진돈대를 점령한 미군들. 그러나 미국이 통상이라는 침략 의도를 관철시키지 못한 만큼 이긴 전쟁이라고는 할 수 없다.

불타고 파괴되어버린 덕진진의 공조루. 홍예문만 남았다. (사진/문화재청)

24 돌출한 '용머리곶'에 앉은 용두돈대

강화군 불은면 덕성리 834 소재

강화도의 돈대 중에서 가장 아름다운 자태라는 용두돈대-. 길게 굽어진 길이 용의 머리 같아 용두돈대라 이름 붙은 이곳은 바다를 바로 맞대고 있는 천혜의 요새이자 아름다운 경치를 자랑하는 명승이지만, 신미양요 때 미군과 격렬한 전투를 치른 격전지이다.

좁은 강화해협에 용머리처럼 쑥 내밀고 있는 해안 절벽 끝자락에 자리잡고 있는 용두돈대는 광성보에 소속되어 있으며, 해협을 따라 용머리처럼 돌출한 자연 암반을 이용하여 축조했다. 강화 54돈대 중 가장 물실 거세기로 유명한 손돌목으로 돌출한 용두돈대. 앞머리 부분과 긴 용도를 다 포함하는 돈대로, 가장 아름다운 돈대 중의 하나다. (사진/문화재청)

마지막으로 합류한 돈대이기도 한데, 그런 만큼 사연도 많고 형태도 특이하다.

돈대가 위치한 지형이 물살이 세기로 유명한 염하의 물길 중에서도 가장 거세다는 손돌목의 한가운데까지 돌출되어 있기 때문에 당초에는 외성의 일부 시설로 활용되었을 것으로 보이며, 1870년대의 고지도에서부터 용두돈대의 명칭이 나타나는 것으로 미루어 19세기 말 외침을 겪으면서 여기에 돈대 기능을 부여하고 병사를 배치해 돈대로 격상시켰던 것으로 추정된다.

돈대 중앙에 세운 '강화전적지정화기념비'. 고 박정희 대통령의 친필이다. 비 뒷면에는 이은상이 짓고 김충현이 글씨를 쓴 비문이 새겨져 있다.

전시되어 있는 대포. 신미양요 때 사용한 무기다.

1866년의 병인양요와 1871년의 신미양요를 거친 후, 광성보 내 강화 외성의 부속시설이었던 해안가 66m의 용도(甬道)를 보수해 용두돈대로 명명함으로써 돈대 대열에 올랐다. 그래서인지 여느 돈대와는 달리 용 두돈대에는 포좌와 출입문이 없으며 규모도 작다.

강화도의 돈대 중 바다 쪽으로 가장 돌출된 암반 위에 지어진 용두돈 대는 분오리돈대처럼 암벽 상단 모양에 따라 축성하여 돈대 앞머리는 부채꼴을 하고 있다. 또한 다른 돈대와는 달리 단층 구조를 하고 있으 며, 대신 긴 용도를 갖고 있다.

이런 점에서 볼 때 용두돈대는 앞머리로 부분과 긴 용도를 다 포함한 전체를 돈대로 보아야 한다. 좁다란 절벽 위에 이어진 용도 양편으로 총안이 뚫린 성가퀴들을 쌓은 것을 보면 그 같은 정황을 알 수 있다.

한양으로 통하는 수로에 위치한 요충에 자리잡은 탓에 용두돈대는

강화돈대 순례

수많은 병화를 겪었다. 서세동점西勢東漸에 맞선 최선봉으로 여러 차례 외국 함대들과 벌인 치열한 전투로 성벽이 크게 파괴되었으나, 1977년 강화 중요 국방유적 복원정화사업으로 다시 복원되었다. 돈대 중앙에는 고 박정희 대통령의 친필로 쓰인 '강화전적지정화기념비'가 세워져 있다. 비 뒷면에는 이은상이 짓고 김충현이 글씨를 쓴 비문이 새겨져 있다.

신식무기로 무장한 미군에 맞선 끝에 어재연 장군 이하 100여 명의 수비군이 전원 산화한 격전지였던 용두돈대는 침략군인 미군에게 서늘한 공포를 안겨준 역사의 현장이다. 한 명의 이탈자도 없이 총탄이 떨어지면 돌을 던지며 싸우고, 불타서 죽을지언정 걸어나와 항복을 하지 않았던 조선군을 보고 미군들은 자기들과는 전혀 다른 세계의 인류를 보는 듯한 충격을 받았다.

미군이 비록 전투에는 이겼지만 더이상 진격을 포기하고 서둘러 철수한 것은 무력으로는 도저히 이 민족을 굴복시킬 수 없다는 사실을 뼈저리게 느낀 때문이었다. 그래서 후세의 역사는 조선이 전투에는 졌으되 전쟁에는 이긴 것으로 기록되었다.

지금도 용두돈대 앞에 서면 손돌목의 거친 물결 위로 그때 조국을 위해 초개처럼 목숨을 버렸던 조선군들의 함성이 들리는 듯하다.

용도 양쪽으로 총안이 있는 성가퀴를 쌓았다. 여기도 전투장인 돈대의 일부임을 말해준다.

용도를 올린 석축. 성가퀴에 수많은 총안들이 보인다.

돈대를 둘러보는 돈대 투어객들

성가퀴 너머로 보이는 염하의 풍경

바다 쪽으로 돌출한 암벽 위에 세워진 용두돈대.
한양으로 통하는 물길의 요충지다.

25 손돌의 전설이 어린
손돌목돈대

강화군 불은면 덕성리
53-1 소재

숙종 5년[1679]에 쌓은 48개 돈대 중 하나인 손돌목돈대는 신미양요 때 미군과 치열한 전투 벌였던 격전지로, 광성보에서 가장 높은 구릉 정상부에 자리잡고 있다. 언덕이나 해안가 암반 위에 지어진 돈대들이 흔히 그렇듯이 손돌목돈대 역시 지형에 맞추어 축조된 탓으로 둥근 형태를 하고 있다.

원래 돈대 중앙에 3칸의 무기고와 포좌 3개, 성가퀴 31개가 있었지만, 신미양요 때 미군과의 격렬한 전투로 인해 모두 파괴되었던 돈대를 1976~7년 강화 중요 국방유적 복원정화사업으로 완전 복원했다.

미국이 조선에 통상을 요구하며 무력으로 침략한 신미양요[1871] 때 가장 치열한 격전이 펼쳐졌던 광성보 전투에서 손돌목돈대는 조선군이 사용한 진지였다. 조선 수비군 600여 명이 손돌목돈대 주변에 배치되어 미군의 공격에 맞섰다.

근대적 화포와 총으로 무장한 미군에 비해 조악한 조선군의 무장은 상대가 되지 않았다. 조선군은 심지에 불을 붙여 발사하는 구식 화승총과, 포탄이 작렬하지 않는 전근대식 불랑기포佛郎機砲였던 데 반해, 미군은 기계식 격발장치 소총과 작렬하는 포탄을 발사하는 근대식 포로 무장한 군대였다.

손돌목돈대를 최후의 거점으로 삼아 어재연 장군과 그의 동생 어재

손돌목돈대의 암문. 문짝에 철판을 대어 더욱 단단하게 만들었다.

해협 쪽을 향하고 있는 세 개의 포좌. 포의 사거리는 짧았고 포탄은 작렬하지 않는 것이었다.

문설주를 지도릿돌 홈에 박아 튼튼히 고정시켰다.

순, 그리고 휘하의 200여 군사는 4월 23일부터 다음날까지 48시간의 죽음을 무릅쓴 사투를 벌였으나 돈대 안으로 소나기처럼 쏟아지는 미군의 함포 사격과 돌격대의 공격으로 결국 전원이 장렬한 전사를 맞고 말았다.

광성보 전투의 전적을 보면 조선군 340명 전사에 미군은 단 3명이었다. 참혹한 결과였다. 그러나 이들의 죽음은 헛된 것이 아니었다. 미군은 목숨을 건 조선군의 반격에 더 이상 진격할 전의를 상실하고 퇴각했던 것이다. 비록 전투에는 졌지만 전쟁에서는 이긴 셈이었다.

일명 손석항係石項돈대 또
는 사두돈대로도 불리는 손
돌목돈대는 남북간 지름이
30m, 동서간은 34m로 평
면 원형에 가까운 돈대로,
둘레는 108m, 돈대 넓이는
778m²에 달한다. 돈대 주
위에는 서해안 지역의 북한
계선 식물인 탱자나무들이
자라고 있다.

손돌목돈대의 성벽. 아래 두 줄 기단석은 원형의 것이다.
여장과 성벽 사이에 돌출한 석재는 눈썹돌眉石로, 빗물이
직접 성벽을 타고 흐르지 않게 하는 역할을 한다.

손돌목돈대에서 동쪽으로 내려다 보이는 곳에 용두돈대가 있는데,
그 앞의 염하江華와 金浦 사이의 海峽를 뱃사공 손돌이 왕의 오해로 억울하게
죽은 곳이라 하여 손돌목이라고 한다. 이 손돌목은 물살이 세기로 유

돈대 상단의 여장(성가퀴) 너머로 바라보이는 염하. 물살이 세기로 유명한 손돌목이다.

명하여 예로부터 수많은 배들이 난파당한 곳이기도 하다.

손돌목의 손돌은 고려시대 몽골의 침입으로 강화로 피난가던 고종 임금을 배에 태웠던 뱃사공의 이름에서 따왔다. 배에 오른 고종이 이 곳을 지날 때 배가 심하게 요동치자 손돌이 자신을 죽이려고 배를 이 곳으로 몰았다고 의심한 나머지 손돌을 처형하고 만다.

손돌은 죽기 전 임금이 건너갈 수 있도록 "바가지를 물에 띄우고 그 것을 따라가면 반드시 뱃길이 트인다"고 말한 후 죽음을 맞았다. 정말 바가지를 따라가니 뱃길이 열리고 고종은 무사히 강화땅에 오를 수 있 었다.

자신이 오해한 것을 안 고종 은 손돌을 후하게 장사지내 주 도록 했다. 염하 건너편 동남쪽 에 덕포진이 있는데, 덕포진 언 덕 위에 손돌의 묘가 있다.

손돌목돈대의 역사를 말해주는 안내판

외부에서 바라본 손돌목돈대

북쪽으로 가면 광성돈대가 223보^{280m} 거리에 있고, 남쪽으로는 덕진 돈대가 2,010보^{2,410m} 거리에 있다.

신미양요 때 광성보 전투에서 전원 산화한 조선 수비군의 처참한 모습

1871년 4월 23일 광성진에서 벌어졌던 미해군 육전대와의 싸움에서 장렬하게 전사한 용사들의 무덤이다. 위쪽에 광성보전투에서 순절한 중군 어재연 외 59명의 순절비를 모신 쌍충비각이 보인다.

26 신미양요의 격전지
광성돈대

강화군 불은면 덕성리
833 소재

광성보(廣城堡)에 소속된 3개의 돈대 중 하나인
광성돈대는 숙종 5년[1679] 처음으로 축조된 강
화돈대 48개 중 하나이기도 하다. 돈대의 형태
는 해안 지형에 따라 축조한 탓으로 서벽은 직선인 데 비해 동벽은 볼
록한 반원형으로, 마치 다리미 바닥처럼 생겼고, 성가퀴는 38개, 둘레
는 142m다.

광성보가 위치한 곳은 손돌목 해역으로, 삼남에서 경강(京江)*으로 가
는 수로의 요충이었다. 덕진진, 초지진, 용해진, 문수산성 등과 더불어

다리미 바닥처럼 생긴 광성돈대의 앞부분이 강화해협을 향하고 있다. 복원된 성가퀴들, 포 3문, 포좌 4개가 보인다. (사진/문화재청)

강화해협을 지키는 중요한 요새인 광성보^{사적 제227호}는 원래 고려 때 외성이었던 것을 효종 9년¹⁶⁵⁸에 전면적으로 개보수하여 해안경비부대 주둔지인 보^堡로 자리잡았다.

뒤이어 숙종 5년에 축조한 용두·오두·화도·광성 등의 소속 돈대와 광성포대를 거느림과 동시에 성채도 완전 석성으로 개축함으로써 돈대와 포대, 외성이 긴밀하게 연계된 3중 방어체제를 완비하게 되었다. 여기에 손돌목 해역의 거센 조류와 산재한 암초들이 더해져 광성보는 천혜의 요새로 자리매김되었다.

이처럼 강화도 수비군의 총사령부격으로 중요한 군사기지로 역할했던 광성보는 영조 21년 광성보 성을 개축하면서 성문을 건립했는데 이를 안해루^{按海樓}라고 불렀다.

광성돈대 앞에 흐르는 강화해협은 마포와 양화진으로 직항할 수 있는 수로의 길목으로, 한양을 지키는 중요한 군사 요충지였다. 이런 지형적 이유로 인해 병인-신미양요의 전화를 피할 수 없었다. 고종 3년¹⁸⁶⁶ 병인양요가 발발하자 프랑스군과 치열한 공방전이 펼쳐졌고, 고종 8년¹⁸⁷¹ 신미양요 때는 미군 함대에 의해 초지진·덕진진에 이어 광성보마저 포위공격을 받는 등 가장 격렬한 격전지가 되었다.

---

* **경강** 서울의 뚝섬에서 양화나루에 이르는 한강 일대를 이르던 말.
* **제너럴셔먼호 사건** 1866년(고종 3) 7월 통상을 요구하며 대동강에 불법 진입한 미국 상선 제너럴셔먼호가 평양에서 군민의 화공으로 불타버린 일.

1866년 8월 발생했던 제너럴셔먼 호 사건*에 대한 보복으로 1871년, 통상을 요구하며 전함 5척을 이끌고 불법적으로 침범해온 미군 해병대에 맞서 격렬한 전투를 벌였던 것이 바로 광성보 전투다.

4월 23일부터 다음날까지 48시간 동안 어재연 장군이 이끄는 600여 명의 조선 병사들은 열세한 무장에도 불구하고 한 발짝도 물러섬이 없이 맹렬히 싸웠다. 그러나 1,230여 명의 신무기로 무장한 미국 해군을 맞서기에는 역부족이었다. 당시 미군은 9인치, 8인치 등 85문의 대포를 쏘아댔으나, 조선군은 정조준조차 안 되는 대포와 소포가 전부였다.

홍이포는 포구에서 화약과 포탄을 장전한 후 포 뒤쪽 구멍에서 점화해 사격하는 포구장전식 화포이다. 사정거리 700m 정도이며, 포알은 화약의 폭발하는 힘으로 날아가지만 포알 자체는 폭발하지 않아 위력은 약하다. 게다가 대포는 조준이 안되나 소포는 조준이 된다. 소포는 불량기라 하며 프랑스군이 쓰던 것으로, 사정거리 300m로서 포알은 대포와 같다. 병자호란에도 사용되었다고 하는 이 홍이포는 어떤 면에서도 근대적인 미군의 대포와는 상대가 되지 않는 무기였다.

광성돈대의 돈문

미군의 전쟁사에 '48시간 전쟁'으로 기록되어 있는 광성보 전투에서 조선의 군대는 어재연 장군을 포함해 430여 명이 전사하고 20여 명이 포로로 잡혔으며, 광성보와 돈대들은 완전히 파괴되었다.

광성보 전투의 조선군 전사자들에 대해 한 참전 미군이 다음과 같은 기록을 남겼다.

"흰옷을 입은 243명의 시체가 성채 안과 주변에 누워 있었다. 그들 중 다수는 이제는 다 밖으로 튀어나온 흩어진 솜 갑옷을, 아홉 겹으로 솜을 두른 갑옷을 입고 있었다. 살이 타는 역겨운 냄새가 공기중에 진동했다. (…) 어떤 부상자들은 자신의 고통보다 미국인 체포자들을 더 끔찍이 두려워하며 서서히 불에 타 죽어갔다."

1977년 전적비 복원사업의 일환으로 돈대와 안해루 등이 복원되고 돈대 안에는 포좌 4개소와 포 3문을 복원 설치했다. 광성보 경내에는 신미양요 때 순국한 어재연 장군의 쌍충비와 신미순의총 및 전적지를 수리하고 세운 강화전적지, 수리한 것을 기록한 비석 등이 건립되었다.

끝으로 반가운 소식 하나를 전한다면, 2021년 7월 1일부터 그 동안 유료 관람이었던 광성보, 덕진진, 초지진, 갑곶돈대 등이 모두 무료로 전환되었다고 한다. 물론 그전에도 강화군민에게는 입장료를 받지 않았지만, 이제부터는 외지인이라도 무료관람을 할 수 있는 만큼 많은 사람이들이 이 유서 깊고 아름다운 강화돈대를 찾을 것으로 보인다.

북쪽으로 2,154보^{2,570m} 가면 오두돈대가 나오고, 남쪽으로 223보^{280m} 가면 손돌목돈대가 있다.

광성돈대와 안해루 (사진/문화재청)

광성돈대 포좌. 모두 4개로 염하 쪽을 향하고 있다.

다리미 바닥처럼 생긴 돈내 내부. 여장(성가퀴)까지 완전히 복원되었다.

신미양요 당시 사용했던 포 3문이 복원되어 전시되고 있다.

돈문을 통해 보이는 돈대 내부

여장 너머로 보이는 강화해협. 고요히 흐르고 있다.

광성보 안에서 바라본 안해루와 광성돈대 (사진/문화재청)

27 '자라머리곶'에 자리잡은 오두돈대

강화군 불은면 오두리 산1 소재

조선왕조는 도성방어 체제를 강화하기 위해 군사적 요충지로서 한성부와 인접해 있으면서 좁은 해협을 끼고 있어 천연의 요새를 이루고 있는 강화도를 먼저 난공불락의 요새로 만드는 국방전략을 세웠다.

이에 따라 1678년숙종 4에는 강화부윤이 진무사鎭撫使를 겸직하게 하고 강화만 일대를 방어하는 5영營을 통솔하게 했으며, 이듬해에는 해안을 따라 53돈대 축조에 돌입한 데 이어 1692년과 1710년에는 강화 내 · 외성을 축조함으로서, 강화부는 내성 · 외성 · 12진보 · 53돈대의

강화돈대 순례

이중삼중의 방어체계로 요새화되었다.

이 같은 흐름 속에서 숙종 5년[1679], 병조판서 김석주의 주관으로 강화 해안을 따라 48개 돈대의 축조에 나섰는데, 이 대역사에서 가장 중요한 항목은 돈대를 쌓을 엄청난 돌을 조달하는 일이었다.

김석주는 그에 대한 대책을 꼼꼼하게 세웠는데, 먼저 마니산과 별립산의 석재를 캐오게 하고, 다음으로는 매음도煤音島를 비롯한 인근 섬들에서 돌을 캐어 날라오도록 했다.

돌을 나를 선박은 충청수영에서 30척, 전라좌수영과 우수영에서 각각 20척을 만들어 강화도로 보내도록 했다. 그리고 장산곶에서는 잡목 8천 그루를 베어오도록 했는데, 이는 잡목을 엮어 갯벌에 깔아 길을 내기 위한 것이었다. 또한 돌을 나르는 데 필요한 생칡은 호서지방에서 공급하게 했다. 참으로 거국적인 국방 대역사였다.

이 같은 준비 끝에 세워진 48개 돈대 중 하나인 오두鰲頭돈대는 지형의 이름에서 나타나듯이 강화해협 언저리에 자라의 머리와 같이 돌출한 지형에 설치되어 있으며, 돈대 형태는 원형으로 지름이 32m, 둘레가 107m이고, 벽체의 두께는 3.5m이다. 처음에는 화도보花島堡에 속했으나 1759년[영조 35]에 광성보 관할 하에 들어갔다.

덕정산에서 동쪽으로 내려오는 능선 끝자락에서 해안으로 튀어나온 곳의 꼭대기에 축조된 오두돈대는 서면을 제외한 나머지 면이 급경사를 이루고 있으며, 염하의 조망이 매우 뛰어나다. 이곳에 돈대를 둔 것은 광성보를 들아나오는 염하의 첫 불녉이어서 관측에 유리할 뿐 아니라 방어력과 공격력을 극대화할 수 있기 때문으로 보인다.

돈대의 동쪽과 남쪽으로 4개의 포좌를 배치하였고 출입문은 서북쪽으로 두었다. 돈대 동남쪽으로는 조선시대 강화 8경의 하나인 오두정鰲頭亭이 있었던 오두정지가 있으며, 벽돌로 쌓은 강화전성이 지난다.

오두돈대에서 남쪽 해안가에 있으며 강화전성强化外城 끝부분에 해안으로 돌출된 바위 위에 있는 오두정지는 권율 장군의 정자가 있었던 터로 알려져 있는데, 오른쪽으로 넓은 갯벌이 펼쳐져 있고, 왼편은 산자락이 보이는 전망 좋은 곳이다. 그러나 현재 정자로 추정할 만한 어떠한 유구도 남아 있지 않다.

염하변의 돈대들은 모두 강화외성과 연결되는데, 오두돈대 역시 마

오두돈대로 올라가는 비탈길 돌계단

강화돈대 순례

찬가지다. 돈대 북벽과 남벽으로는 외성이 이어졌던 석축렬의 흔적이 남아 있다. 강화외성은 고려 고종이 1232년 몽골의 침입으로 강화도로 천도한 뒤 해안 방어를 위해동쪽 해협의 적북돈대에서 길상면 초지리 초지진까지 염하를 따라 약 23km에 걸쳐 축성된 토성으로, 해전에 약한 몽골군의 공격에 대비한 방어시설이다.

흙과 돌로 쌓은 강화외성의 일부 구간이 조수에 의해 무너지자 조선 영조 때 벽돌로 다시 쌓았는데, 이것이 바로 강화전성이다. 이는 수원화성이 벽돌을 사용한 것보다 50년이나 앞선 것이다.

현재 오두돈대 주변에는 당시 쌓은 전성의 흔적을 확인할 수 있으며, 오두돈대 남쪽의 일부 구간은 최근 복원되기도 하였다. 강화전성은 지금은 겨우 200여m 정도 남아 있을 뿐으로, 18세기 동아시아 축성술의 단계적 발전을 보여주는 역사적 가치가 높은 유물이다. 오두돈대를 둘러본 탐방객이라면 강화전성의 관람을 놓치지 말아야 하는 이유다.

현재 돈대는 무너졌던 4개의 포좌와 33개 여장^{성가퀴}까지 완전히 복원되어 원형을 되찾았다. 해안가 높은 곳 위에 자리잡은 이 천혜의 요새 오두돈대의 여장 너머로 염하를 내려다보면 도도한 물살이 흐르는 것이 바로 눈앞에 보인다.

북쪽으로 가면 화두돈대가 700보^{840m} 거리에 있고, 남쪽으로는 2,154보^{2,570m} 거리에 광성돈대가 있다.

(왼쪽) 돈문을 들어서면 3단 돌계단이 있고, 염하 쪽을 향한 포좌가 바로 보인다.
(오른쪽) 빗물을 배수하는 석누조. 토압을 완화해 성벽의 배부름 현상을 막는 기능을 한다.
석누조를 갖춘 돈대는 삼암, 건평, 굴암 등 몇 되지 않는다.

오두돈대 내부. 성가퀴들도 말끔히 복원되었다.

여장 너머로 흐르는 염하 쪽으로 난 포좌들이 보인다. 건너편에 보이는 산은 김포의 문수산이다.

성벽의 포안과 성가퀴의 총안들

돈문을 들어서면 3단 돌계단이 있고, 염하 쪽을 향한 포좌가 바로 보인다.

염하 수로에 밀착해 있는 오두돈대는 천혜의 요새였다.

강화외성의 일부인 강화전성. 벽돌로 이루어져 있다.

포안으로 내다본 염하. 황해의 바닷물이 세차게 흐른다.

28 기단만 복원한 '사직단'?
화도돈대

강화 선원면 연리
54 소재

병자호란이 일어난 지 43년 후인 1679년숙종 5,
강화도 해안지역의 방어를 튼튼히 하기 위해
해안선을 따라 축조한 48돈대 가운데 하나인

화도花島돈대는 원래는 화도보 소속이었으나, 1710년숙종 36에 화도보가
폐지되면서 오두, 광성돈대와 함께 광성보의 지휘를 받게 되었다.

강화군 선원면에서 강화읍 방향으로 해안도로를 따라 오두돈대에서
약 1km 정도 더 가다 보면 삼동암천의 하구부 우측 해안 쪽으로 돌출
한 야산의 평탄지에 자리한 화도돈대를 볼 수 있다. 이곳은 염하를 통

해 삼동암천으로 침입하는 적선을 막을 수 있는 요충이다.

북쪽의 용당돈대와 남쪽의 오두돈대와의 사이에 위치한 화도돈대는 오두돈대 · 광성돈대와 함께 강화의 7보 5진 중 하나인 광성보의 관리하에 감시소와 방어진지로서의 역할을 담당했다. 강화외성과 연결되어 있으나 현재 주변의 외성은 소실되었다.

돈대의 형태는 절벽 쪽으로 장축을 기대고 있는 남북 면의 길이는 35m, 동서 면은 32m로, 약간 길쭉한 직사각형 구조이며, 둘레는 129m이다.

복원 전에는 비교적 최근까지 석축이 잘 남아 있었지만, 근래 들어 훼손이 급속도로 진행된 결과, 바다와 접한 동쪽은 인공시설물에 의해 훼손된 상태이고, 내부는 과수원으로 경작되고 있으며, 남쪽에는 연못

현재 화도돈대의 전면. 기초만 복원되어 돈대인지 사직단인지 헷갈리는 모습이다.

복원 직후 잡석으로 되어 있던 전면의 석축 모습. 현재는 말끔한 화강암 석축으로 바뀌었다. (사진/문화재청)

이 조성되어 있는 등 현상 변경이 심한 상태이다.

돈대 내부는 한때 과수원으로 경작되는 등, 훼손이 급속도로 진행되어 북쪽에 무너진 성벽의 석재들이 약간 남아 있는 것을 제외하면 성벽의 터만 남아 있을 뿐 완전히 소실되었다. 따라서 안타깝게도 포좌와 출입구의 위치는 추정이 불가능하다. 돈대를 복원하면서 포좌와 성곽을 전혀 복원하지 못한 것은 그러한 때문으로 보인다.

현상대로라면 원형을 되찾기는 어려울 것으로 보인다. 하지만 보다 면밀한 조사, 발굴이 진행된다면 포좌 위치를 어림할 수 있을 것으로 보인다. 기록에 의하면, 둘레는 92보, 치첩성가퀴은 42개가 있었다고 한다. 지금 상태로 성곽도, 포좌도 하나 없는 모습은 전혀 돈대의 면모를 갖추지 못했을뿐더러, 유적의 정체성을 알 수 없을 정도가 되었다.

2002년 육군박물관에서 발굴조사를 진행한 후 성벽의 기단만을 부분 복원하게 되었다. 복원된 후에도 한동안 돈문으로 오르는 계단 양

강화돈대 순례

쪽에 잡석으로 쌓은 원형 석축이 있었는데, 무슨 영문인지 최근 원래의 석축을 다 들어내고 다시 화강암 석축으로 개비하는 바람에 원형에서 더욱 멀어진 모습이 되고 말았다.

동쪽으로 나 있는 수문 옆에 강화유수 한용탁이 1803년 세운 '화도수문개축기사비花島水門改築記事碑'가 쓰러져 방치되어 있었는데, 역시 2002년 발굴조사 때 정비하여 화교도 옆에 있는 주차장에 세워놓았다. 예전에는 이 수문을 통해 큰 배가 드나들었다고 한다.

어쨌든 기단만 복원된 화도돈대는 현재의 모양으로 봤을 때 안내판이 없다면 돈대인지 사직단인지 모를 상태가 되어 있다. 따라서 보다 심층적인 고증을 하고 최대한 원형에 가까운 복원이 이루어져야 할 것으로 보인다.

북쪽으로는 1,390보1,670m 거리에 용당돈대가 있고, 남쪽으로는 700보840m 거리에 오두돈대가 있다.

돈문과 돈대 마스코트인 감나무

배수구

안에서 본 돈문

공중에서 본 화도돈대. 위쪽에 삼동암천이 흐르고 있다. 돈대 아래쪽이 염하이다. (사진/문화재청)

염하강이 바로 옆을 흐른다.

돈문 지도릿돌의 문설주 구멍

돈문 안쪽의 기단석

염하에 바짝 붙은 화도돈대. 왼쪽 감나무가 화도돈대의 마스코트이다. (사진/문화재청)

29 '별나무'가 지켜주는 용당돈대

<table>
<tr><td>강화군 선원면 연리 1 소재</td><td>강화도 동안 염하강변 언덕 위에 자리잡고 있는 용당龍堂돈대는 속종 5년1679 강화도 해안방어를 목적으로 강화 해안선을 따라 축조된 48</td></tr>
</table>

개 돈대 중 하나다.

가리산돈대, 좌강돈대와 함께 용진진의 관할 아래에 있었던 용당돈대는 용진마을 남쪽의 소구산에서 염하로 이어지는 능선의 동쪽 끝자락 정상에 지형에 맞추어 축조되었기 때문에 동서 방향으로 긴 타원형의 모양을 하게 되었으며, 북서와 남동 방향으로는 강화외성과 연결

돈대 한가운데 우뚝 서 있는 떡갈나무. 밤에도 혼자 별 보며 돈대를 지킨다고 돈대 순례자들에게 '별나무'란 별명을 얻었다.

되어 있다. 외성의 축조에는 전돌이 사용되었음이 확인되었다. 둘레는 119m이다.

돈대 내부에는 7×5m 규모의 건물 터가 있는데, 상주하던 돈병들의 숙소와 무기고 터였을 것으로 보인다.

기록에 의하면, 4개의 포좌와 36개의 성가퀴를 갖춘 것으로 되어 있는데, 오래 방치된 탓에 성곽은 붕괴되고 석재들은 거의 유실되었다. 그래도 남아 있는 토축의 형태로 윤곽을 확인하기가 어렵지 않아 2000년에 서쪽의 돈문과 성벽, 포좌 등의 복원작업이 이루어졌지만, 여장은 하나도 복구되지 않아 불완전 복원이 되었다. 여장이 있었던 성곽의 단 위에는 잡석으로 채워져 있다.

너무나 많은 면석들이 유실되어 성벽이 산뜻한 화강암으로 거의 메

용당돈대 암문. 석재들이 대거 유실되어 새 돌로 교체된 바람에 고졸한 맛이 많이 사라졌다.

길쭉한 타원형을 한 용당돈대의 내부. 떡갈나무가 지키고 있다.

위진 바람에 오래된 돈대의 고졸한 맛은 거의 사라지고 현대식 갤러리 같은 느낌이 들기도 하지만, 그래도 거칠게 다듬은 면석들이라 오랜 세월이 묻으면 옛 모습을 어느 정도 되찾을 수 있을 것으로 보인다.

북쪽과 동쪽, 남쪽에 걸쳐 4개의 포좌를 갖고 있는 용당돈대는 해상에서 볼 때 100m가량 되는 절벽 위에 올려져 있는 것으로 보인다. 포안으로 내다보면 강화해협 물길이 빤히 보이고, 해협 건너로 김포지역도 잘 조망되는 곳이다. 눈이 시원하고 가슴이 탁 틔는 아름다운 풍광이다.

한길에서 약 100m쯤 쏙 들어간 곳에 있어 일부러 찾지 않는 한 들르기 쉽지 않는 돈대이지만, 돈대 한가운데 우뚝 솟아 있는 나무 한그루로 인해 한번 들른 사람은 결코 잊을 수 없는 특색있는 유적지의 한곳으로 기억된다.

이 떡갈나무는 낮에는 해를, 밤에는 별을 보며 돈대를 지켰다는 덕담을 듣고 있는 돈대 마스코트인데, 그래서 '별나무'란 아름다운 별명까

(왼쪽) 돈문 안으로 들여다본 돈대 내부
(오른쪽) 돈문 안의 지도릿돌과 무사석의 문둔테

지 갖게 되었다.

강화에는 숙종 5년 48돈대를 비롯해 모두 54개의 돈대가 해안선 100km를 따라 축조되었는데, 하나의 섬에 이처럼 밀집된 돈대들이 들어선 예는 세계에서도 유례가 없다. 그리고 돈대가 들어선 곳은 하나같이 모두 조망이 뛰어나고 아름다운 풍광을 자랑하는 승지이다. 하지만 지금은 더러 멸실되고 40개 남짓 남아 있는 실정이다.

이 돈대들을 모두 복원해 돈대를 순례하는 '돈대 꿰미길'을 만든다면 보행으로 4박 5일 정도면 '강화돈대 투어'를 완성할 수 있을 것이다.

이것이 실현된다면 어쩌면 산티아고 순례길보다 더 인기를 끌 수도 있으리라 본다. 한국은 물론 세계에서 많은 사람들이 강화돈대 투어를 찾아오는 그런 날을 꿈꾸어본다. 우리 젊은이들을 산티아고로 보내지 말고 강화로 불러들여, 우리 선조의 호국정신이 깃든 돈대 꿰미길을 걷게 한다면 얼마나 좋겠는가.

북쪽으로 1,200보^{1,440m} 거리에 좌강돈대가 있고, 남쪽으로는 1,390 보^{1,670m} 거리에 화도돈대가 있다.

탐방객들이 별나무 둘레에 보호석을 둘렀다.

돌들이 흩어져 있는 바닥의 불룩한 부분이 건물터다.

단 위에 36개가 있었다는 여장은 복원되지 않고 잡석으로 채워져 있다.

염하강변을 따라 축조된 용당돈대의 모습 (사진/박동화)

30 큰길 가에 우뚝 선 성채
좌강돈대

강화군 선원면 지산리
215 소재

조선 숙종 5년[1679]에 대대적으로 축조해 완성
시킨 48돈대 중 하나인 좌강돈대는 염하에 접
한 비교적 낮은 구릉 위에 쌓은 돈대다. 용진진

관할 하에 있던 돈대로 용진진과는 성벽으로 연결되어 있다.

진이란 군인이 머물러 있던 무장 성곽도시를 이른다. 1656년[효종 7]에
지은 용진진은 조선시대 각 진에 배치되었던 병마만호의 관리 하에 있
었던 곳으로, 각궁·교자궁·목궁 등의 재래식 무기와 조총, 불랑기 등
각종 중화기로 무장한 101명의 병력이 주둔했으며, 가리산돈대·좌강

강화돈대 순례

돈대·용당돈대 등 3개의 돈대를 관리했다. 진에 속한 선박이 3척, 토졸의 위답이 20섬지기에 군향미 174섬, 조가 25섬, 장이 8섬이었다. 용진진이 위치한 곳은 용진나루, 용당포 등으로 불렸다.

좌강左岡돈대의 축조에 가장 중요한 역할을 한 인물은 당시 병조판서였던 김석주였다. 왕실 외척이었던 김석주는 숙종 초 대단한 권력을 누린 권신으로, 1678년 10월 강화도의 지세를 살피고 돌아와 숙종에게 지도와 서계書啓를 올려 49곳에 돈대를 설치할 것을 건의했다. 돈대의 축조는 이듬해에 이루어졌는데, 당초 김석주가 건의한 49돈대 중 불은평佛恩坪을 제외한 48개의 돈대가 축조되었다.

돈대의 성첩城堞을 쌓는 데에는 강화도 옆 매음도현재 석모도의 해명산 박석薄石이 사용되었다. 해명산 박석은 조선시대 궁궐의 마당에 깔기도 한 석재이다. 해명산에서 박석을 캐서 강화로 옮겨 실제 축조 장소까지 운송하는 작업은 쉽지 않았을 것이다.

이렇게 하여 48개의 돈대가 처음 만들어진 후에 6개가 추가 설치되어 강화의 돈대는 모두 54개가 되었다. 하지만 현재까지 전부 온전하게 남아 있지는 않다. 보수나 복원이 이루어진 곳도 있지만, 돌무더기만 남은 곳도 있고, 아예 흔적조차 찾을 수 없는 곳도 꽤 있다. 강화의 돈대를 어떻게 관리하고 보존해야 할지, 유네스코 문화재 등록 추진 문제 등에 대해 심도 있는 검토가 필요한 시점이다.

보통 돈대의 성벽 둘레는 80~120m70~100보의 규모로, 일반 성곽보다

포안으로 내다본 염하와 용진진 참경루

규모가 작은 편이다. 돈대의 평면 형태는 주변 지형에 따라 크게 원형
과 방형 그리고 부정형으로 구분되는데, 좌강돈대의 형태는 원형이다.
지름은 32m, 둘레는 101m이고, 동쪽을 향해 4개의 포좌가 설치되어
있으며 출입문은 서벽 중앙에 위치한다. 돈대 내부에 건물을 두어 창
고와 주둔 병사들의 숙소로 삼았다. 또한 이 돈대는 수로 측면의 매우
낮은 구릉에 위치하고 있는데 이는 수로를 따라 침입하는 외적을 방어
하기 위한 목적이었던 듯하다.

　1999년까지 방치된 결과 내부에 경작지가 조성되는 등 훼손이 진행
되어 홍예석과 기단석만 남아 있던 것을 2000년 강화군의 용진진 참경
루斬鯨樓 복원사업 때 인근 외성과 함께 복원되었다. 참경루란 '고래 잡
는 누각'이란 뜻으로, 여기서 고래는 청나라 군대를 의미한다. 그러나
단 위의 낮은 담장인 여장성가퀴 37개는 복원되지 않은 불완전 복원에
그쳤다.

　북쪽으로 1,300보1,560m 가면 가리산돈대가 나오고, 남쪽으로 1,200
보1,440m 거리에 용당돈대가 있다.

　　　　　　　　　　　　　　　　　　　　　　강화돈대 순례

돈문을 통해 보는 돈대 내부의 모습

돈대 내부의 모습. 복원시 37개 있었었다는 여장은 아쉽게도 복원되지 않았다.

(왼쪽) 성벽에 만들어진 석누조. 배수를 원활히 하여 토압을 완화하는 역할을 한다.
(오른쪽) 돈대의 포좌 내부. 천장석 틈에 공사용 부대자루가 그대로 끼어 있다.

용진진 참경루의 천장화

참경루 너머로 보이는 염하

좌강돈대는 용진진과 성벽으로 연결되어 있다.

③① 철저히 버려진 산등성이 돈대
가리산돈대

강화군 선원면 신정리 344 소재

강화대교에서 왼쪽으로 꺾어 해안도로를 잠깐 달리다 보면 오른쪽에 우뚝한 절벽 하나가 서 있는데, 더리미 마을의 뒷산인 가리산加里山이다. 산 정상에 평평한 대지가 있고 거기에 조선조 숙종 5년[1679] 최초로 만들어진 48돈대 중 하나인 아담한 가리산돈대가 축성되었다.

가리산돈대는 인근의 좌강돈대 · 용당돈대와 함께 용진진이 관장하던 등 3개의 돈대 중 하나로, 강화의 동안, 곧 염하를 방어하기 위한 관방시설이다.

강화돈대 순례

성벽 어느 모퉁이에 쓰였던 돌일까? 그 많던 돌들은 다 어디로 가고 돌 하나 나뒹굴고 있는 가리산돈대 전경.

　　강화의 많은 돈대들을 둘러보았지만 가리산돈대만큼 철저히 버려져 있는 돈대는 없었다. 큰길에는 돈대 표지판도, 돈대 앞에는 돈대 안내판 하나도 서 있지 않는 돈대. 초행의 사람이라면 이게 돈대인지도 알 수 없고, 진입로 찾기도 거의 미로 찾기 수준이다. 현재 올라가는 길은 사유지에 의해 폐쇄되고 급경사 산길을 올라야 한다.

　　선원면 신정리 해변 더리미 마을 뒷산에 위치하고 있는 가리산돈대는 더리미돈대라고도 하며, 양쪽에 수문이 있다. 규모는 남북 34m, 동서 20m의 길쭉한 장방형으로, 동쪽으로 염하가 한눈에 내려다보이는 요충이다. 왼쪽으로는 더리미 선착장이 보이고, 그 뒤로는 갑곶돈대가 보이며, 염하강 건너편으로는 문수산성이 멀리 보인다. 가리포는 용진의 서북쪽에 있다.

　　김석주의 '강도 설치 처소단 별단 식암 유고 권 17'에 의하면, 가리산

(왼쪽) 미로찾기의 첫 단계. 간판 왼쪽 돌계단으로 올라가 전적비 앞을 돌아 희미한 산길을 올라야 한다.
(오른쪽) 돈대로 올라가는 비탈길에 누군가 삽질로 흙계단을 만들어놓았다. 안전장치는 땅바닥에 쳐진 저 줄 하나가 전부다.

돈대 안쪽에서 바라본 돈문. 기단석들이 가지런히 남았다.

돈대의 형태는 길쭉한 사각형으로, 둘레는 94보[113m], 치첩[성가퀴]은 34개 소라 한다.

돈대가 위치한 곳은 비교적 넓은 평탄지가 형성되어 있으며, 바다를 향한 동쪽으로 3개의 포좌를 두었고, 서면의 중심에 출입구를 두었지만, 지금은 여장[성가퀴]은 물론, 성곽들도 거의 다 무너져 형태를 잘 가늠하기 어려울 정도다.

그러나 성곽을 이루었던 석재들은 모두 훼손되어 그 외형을 파악할 수 없다. 그 많은 돌들은 다 어디로 간 것일까? 다행이랄까, 서쪽 하단에는 돈대를 축조하는 데 활용한 것으로 추정되는 석재가 집결되어 있다. 또한 내부의 충진토 흔적으로 그 대략의 윤곽을 간신히 그려볼 수 있으며, 돈대를 형성하는 토축의 흔적과 강화외성과의 연결 흔적이 남아 있다.

그러나 해안동로 공사 때 산을 깎아내는 바람에 엄청 높은 벼랑이 생겨났는데, 지금까지 '위험' 팻말을 단 줄만 띄어놓았을 뿐, 아무런 보완

공사가 이루어지지 않아 언제 산사태가 날지 모를 상태이다. 관계당국
의 복원 노력이 참으로 아쉬운 실정이다.

북쪽으로는 갑곶돈대가 1,400보^{1,680m} 거리에 있고, 남쪽으로는 1,300
보^{1,560m} 거리에 좌강돈대가 있다.

돈대 내부에서 바라본 북쪽의 토축

염하 위로 지나는 구 강화대교가 보인다.

돈대 성벽에서 이탈한 돈대의 면석

가리산돈대 터에서 남쪽으로 바라본 염하

서쪽으로 난 돈대 문. 기단석만 남아 돈대 문 터임을 말해준다. 볼썽사나운
흙부대들로 땜빵해놓았다.

띄어놓은 줄 너머로는 높이 10m는 좋이 되는 벼랑이다. 그 아래로 해안도로가 달린다. 흙비탈이라 언
제 무너질지 알 수가 없다.

32 갑곶돈대에는 '돈대'가 없다
갑곶돈대

강화군 강화읍 갑곶리
1020 소재

한국 전쟁사에서 최고의 '핫 포인트' 하나를 꼽
으라면 단연 강화의 갑곶돈대일 것이다.

'갑곶'이라는 지명에 대해서는 삼국시대 강화
를 갑비고차甲比古次라 부른데서 갑곶 이름이 전해오는 것으로 보기도
하고, 고려 때 세계를 평정한 몽골군이 이곳을 건너려 하다 뜻을 이루
지 못해 안타까워하며 "우리 군사들이 갑옷만 벗어서 바다를 메워도
건너갈 수 있을 텐데…" 한탄했다는 말에서 유래했다는 전설도 있다.
강화대교를 건너자마자 왼편에 자리잡은 갑곶은 우리 민족의 한 서린

갑곶돈대의 '돈대'. 그러나 기실은 조선시대 사용한 대포를 전시하는 공간이다. 뒤로 구 강화대교가 보인다. (사진/문화재청)

역사를 그대로 간직하고 있는 곳이다. 육지에서 강화로 들어오는 제1 관문이었던 갑곶은 1232년 고려가 강화로 천도한 이후 1270년까지 몽골과의 줄기찬 항전을 계속하며 강화해협을 지키던 중요한 요새로, 적진을 살필 수 있는 진해루鎭海樓가 있었으며, 해협 건너편의 문수산성 서쪽 성문인 취예루를 마주하고 있었다. 40년에 걸친 항몽전쟁에서 이 갑곶을 굳세게 지킴으로써 몽골군은 결국 염하를 건널 수가 없었다.

그러나 그로부터 400년 후 1636년, 병자호란을 맞은 조선의 상황은 전혀 달랐다. 조선군이 물살 빠른 염하만 믿고 방심한 틈을 타서 청병들은 민가를 헐어 뗏목을 만들어 손돌목의 거센 물살을 헤치고 염하를 건너와 갑곶을 치고 강화를 함락시키고 말았다. 그리하여 백성들은 청병의 칼날 아래 어육魚肉의 신세를 면치 못했고, 적군을 피해 달아나던 부녀자들은 염하로 뛰어들어 머리에 맨 흰 수건이 마치 낙엽처럼 강물 위에 떠다녔다고 한다.

갑곶에 돈대가 들어선 것은 그로부터 40년 후인 숙종 5년1679이다. 강화의 전략적 중요성을 통감

총안으로 내다본 염하 풍경. 구 강화대교가 가로지르고 있다.

이섭정利涉亭. 최초로 1398년(태조 7) 강화부사 이성李晟이 세웠다고 한다. 고려 때 몽골과의 협상에서 우리측이 이롭게 되기를 염원하고 외교사신들을 영접, 환송하기 위해 지은 강화도 관문의 팔각정이다.

한 조정에서 강화 방비를 강화하기 위해 강화 해안선을 따라 48개의 돈대 축조에 나섰다.

48개 돈대 중 가장 중요한 요충이었던 갑곶돈대는 통진에서 강화로 들어가는 갑곶나루에 축조했는데, 갑구지돈대라고도 불리며, 돈대 주위가 113보步였고 성벽 위에 낮게 쌓은 성가퀴인 치첩은 40개였다고 한다. 부근의 망해 · 제승 · 염주돈대와 함께 제물진의 관할 하에 있었고, 8문의 대포를 설치한 갑곶포대를 갖추었다. 돈대 남쪽에는 수문이 있었으며, 강화외성과 연결되었다. 강화외성은 강화도 동해안 방어를 목적으로 고려 고종 20년[1233]에 축조한 성으로, 북쪽의 적북돈대부터 초지진까지 그 길이가 약 23km에 이른다.

이처럼 호국 1번지의 위치에 있었던 갑곶돈대는 19세기 중엽 다시 외적의 침략을 맞아 한 차례의 격전을 치렀다. 1866년 9월, 천주교도 박해를 이유로 프랑스 함대가 침략한 병인양요 때, 적군 600명을 맞아

강화돈대 순례

격렬한 전쟁을 치른 곳도 이곳이다. 프랑스 군은 10월 3일 양헌수 장군이 이끄는 정족산성 전투에서 대패한 후, 그동안 약탈했던 수많은 문화재를 챙겨 서둘러 퇴각했다.

그로부터 10년 뒤인 1876년, 일본의 전권대신 구로다 기요타카黑田淸隆가 6척의 함선을 이끌고 와 갑곶으로 상륙한 뒤 운요호 사건의 책임을 물어 강압적으로 강화도 연무당鍊武堂에서 조선의 접견대관 신헌申櫶과 강화도조약한일수호조규, 병자수호조약을 맺었다.

그 뒤 갑곶돈대은 허물어져 일부만 남았던 것을 1977년 강화의 다른 전적지와 함께 새로이 옛 모습을 되살려 복원이 이루어졌다. 지금 돈대 안에 대포와 소포 2문 등을 새로 만들어 설치·전시되고 있는데, 전시된 대포는 조선시대 것으로, 강

1876년 강화도조약 체결 때 일본 변리사절단의 사진사 가와다 기이치가 찍은 갑곶돈대 모습 (출처/강화역사문화연구소)

19세기 후반에 제작된 〈강화도지도〉 중 갑곶돈대 부분. 8폭 병풍으로 현재 서울대박물관에 있다. (출처/강화역사문화연구소)

갑곶나루 앞에 있었던 강화외성의 문루 진해루 옛 모습(1890년대). 현재 복원공사 중이다.

염하 쪽에서 바라본 갑곶돈대 성가퀴들. 뚫린 구멍들이 총을 내놓고 쏘는 총안이다. (사진/문화재청)

화해협을 통해 침입하는 왜적의 선박을 포격하던 것이다.

갑곶돈대를 한번 둘러본 사람이라면 알겠지만, 사실 현재의 갑곶돈대에는 돈대라면 응당 갖춰야 할 포좌가 없다. 그래서 갑곶돈대에는 '돈대'가 없다는 말들을 한다. 사실 현 갑곶돈대의 위치는 제물진 터이고, 갑곶돈대의 원래 위치는 구 강화교 입구 부근으로 추정하고 있다. 다리를 놓으면서 돈대가 훼손된 것으로 전해진다. 이곳에서 면석으로 추정되는 석재들이 간간이 보인다.

원래의 갑곶돈대 하부는 암반으로 되어 있어 돈대 설치에 매우 좋은 조건을 가지고 있었다. 북쪽으로는 갑곶나루가 위치하고 있어서 김포의 문수산성과 통할 수 있는 통로로서 활용되었으나 현재는 그 자취를 찾을 수 없다. 남쪽으로는 강화전쟁박물관이 위치하고 있다.

갑곶돈대 아래 강화대교와 구 강화대교 사이에 있었던 진해루는 강화외성 축성 당시 조성되었던 6개의 문루^{조해루, 복파루, 진해루, 참경루, 공조루,} ^{안해루} 중 하나로, 고려시대부터 조선시대까지 내륙에서 염하강을 건너 갑곶나루를 통해 강화도로 들어오는 갑문 역할을 했던 가장 중요한 길목의 문루였다. 현재 복원 공사 중으로 거의 완공 단계에 이르고 있다.

결론적으로 '호국 1번지 갑곶돈대'는 현재 존재하지 않는다. 이제 구 강화대교도 용도폐기된 상황이니까 원래의 갑곶돈대 복원 문제도 심도 있게 다룰 때가 되었다고 본다.

돈대 전각에 전시되어 있는 홍이포紅夷砲. 17세기 초 명나라 군대가 네덜란드와 전쟁을 치를 때 중국인들은 네덜란드인을 '홍모이紅毛夷', 네덜란드인들이 사용하던 대포를 '홍이포'라 불렀다.

북쪽으로 625보^{750m}만 가면 염주돈대가 나오고, 남쪽으로는 1,400보 1,680m 거리에 가리산돈대가 있다.

돈대 성가퀴 앞에 전시된 불랑기포와 소포. 실전에서 사용한 포들이다.

33 염하 건너 문수산이 빤히 보이는 염주돈대

강화군 강화읍 갑곶리 산17-1 소재

김포 쪽에서 강화대교를 지나자마자 우회전하면 해안도로로 접어든다. 그 길을 얼마 가지 않아서 도로변 높다란 야산 위에 있는 염주^{念珠}돈대는 병자호란 뒤 숙종 5년¹⁶⁷⁹ 강화도 해안지역의 방어를 튼튼히 하기 위해 해안선을 따라 축조한 48돈대 중 하나로, 갑곶-제승-망해돈대와 함께 제물진에 소속되었고, 당산의 경사면에 축조되어 강화 외성과 연결되었다. 염주물돈대, 당산돈대라고도 부른다.

길가에는 돈대 팻말이 서 있는데, 바로 해운사라는 절집 입구다. 돈평지화가 진행되어 폐허로 변한 염주돈대. 안내판 하나만 서 있다. 앞에 보이는 시멘트와 쇠파이프는 철책 버팀대다.

대로 올라가는 산길 초입에는 나무 계단이 놓여 있다. 산길의 경사는 급해 거의 등반하는 기분으로 한 10여 분 올라가면 염주돈대가 나타난다. 올라가는 길 옆에는 녹슨 철조망이 줄지어 서 있는데, 지금은 해안가로 철책선이 내려간 탓에 용도폐기된 것이다. 그렇다면 이 보기 싫은 폐기물이라도 빨리 치워 접근로를 정비해줬으면 좋으련만, 그런 움직임을 안 보이고 있다.

염주물돈대 또는 당산돈대라고도 불리었던 이 돈대는 거의 허물어져 평지화된 바람에 정확한 형태를 그리기는 어렵지만, 대체로 20×25m의 길쭉한 사각형 모양이고, 둘레가 90m로, 자그마한 편에 속한다. 가파른 산 꼭대기에 자리잡은 탓에 넓게 터잡기에는 지형상 한계

염주돈대 가는 길. 당산 꼭대기에 축조된 염주돈대까지 용도폐기된 철책이 따라 올라간다.

돈대 서면에서 바라본 염하 너머로 강화대교와 문수산성 남문 희우루가 빤히 보인다.

가 있었기 때문이다. 돈대 내부도 평탄하지 않고 동쪽으로 기운 경사면을 이루고 있다.

기록에는 성가퀴^{치첩}가 23개, 둘레가 84보^{100m}라고 나와 있지만, 지면에는 약간의 석재들이 노출되어 있을 뿐 면석들은 별로 눈에 띄지 않는다. 그리고 돈대 문터의 흔적이 좀 남아 있지만, 포좌의 수도 확인하기 어렵다. 다만 장대석들이 부근에 있는 걸로 보아 염하 쪽으로 땅을 깎아 포좌를 앉힌 자국이 두 군데 정도 짐작될 따름이다.

1679년 병조판서 김석주가 작성한 돈대 설치 계획서의 염주돈 항목을 보면, "산꼭대기에 예전에는 담장을 두른 듯한 성을 쌓았지만 이제는 직사각형의 돈대를 설치해야 한다. 북쪽으로 제승정에 닿고 남으로는 갑곶진에 이르며 근처에 잡석이 많이 있다"고 서술되어 있다.

돈대의 문지는 동쪽에 자리잡고 있는데, 문의 형태는 다 사라지고, 수북한 흙무더기가 솟아 있다. 저 흙 속을 파서 뒤지면 틀림없이 돈문을 이루었던 장대석, 무사석 등 귀한 석재들이 쏟아져나올 듯이 보인다. 또한 북쪽과 남쪽 일부에 면석들이 남아 있고 석렬 일부가 잔존하고 있다.

문화재청 홈페이지에서는 "돈대의 평면은 장방형으로 윤곽이 뚜렷한데 남북 24m, 동서 27.4m이고, 네 면에 잔존한 토벽의 높이는 약 1m, 두께 3.5m 내외이다. 입구 시설 및 포문, 내부 유구의 확인은 불가능하지만, 서쪽 중심에 문터가 있었던 것으로 추정된다. 포좌가 있었을 것으로 추정되는 동쪽은 삭토되어 얕은 토축흔이 남아 있다"고 설명하고 있다.

염주돈대 내부의 바닥에는 많은 기와편들이 뒹구는 것이 보이는데, 이는 한때 돈대 내부에 건물이 있었다는 증거다. 아마도 무기고와 수직하는 병사들의 숙소였을 것이다.

돈대에서 동쪽을 보면 염하 일대는 물론 해협 건너로 문수산과 문수산성의 문루가 빤히 보인다. 최고의 전망지라 할 수 있다. 지금은 비록 거의 폐허가 되어버린 상태지만 제대로 복원만 된다면 아름다운 염주돈대의 원형을 되찾을 수 있을 것으로 보인다.

북쪽으로는 761보 910m 거리에 제승돈대가 있고, 남쪽으로 625보 750m만 가면 갑곶돈대에 이른다.

서쪽 돈문 옆 성벽 중 세 단이 남아 있다.

토축과 석재가 남아 있는 서쪽 성벽 부분

돈문이 있던 자리. 저 흙더미 속에서 돈문을 구성한 목사석, 장대석들이 묻혀 있을 것 같다.

(왼쪽) 돈대 터 아래에 뒹구는 석재들. 포좌 천장을 덮었던 장대석으로 보인다.
(오른쪽) 장대석이 드러나 있는 포좌 자리. 어디에 쓰였던 돌일까? 마치 제자리를 찾아달라는 듯
혼자 삐죽이 솟아 있다.

1890년대의 갑곶나루. 강화외성의 진해
루가 보인다. 오른쪽 가리마 같은 산길이
있는 산이 당산으로, 정상부에 염주돈대
의 모습이 보인다.

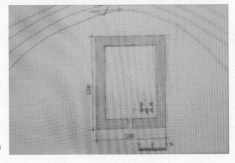

염주돈대 평면도 (출처/육군박물관)

③④ 안내판 하나 없는 '폐허' 망해돈대

강화군 강화읍 용정리 249-1 소재

초기 48개 돈대 중 하나인 망해돈대는 여느 돈대와는 달리 외성과 연결되어 있지 않고, 성 내부에 위치했던 것으로 보인다.

현재 망해돈대의 흔적은 일부 토축만이 남아 있을 뿐 면석은 찾아보기 힘들다. 단지 마을 주변에서 50×57cm 크기의 면석 1개를 발견했다고 한다. 옥창, 제승돈대와 마찬가지로 돈대의 석재들을 모조리 뜯어내 옥포제방 축조에 이용했기 때문이다. 그래서 유적이라고 볼 만한 증거물은 찾아보기가 힘들다.

강화돈대 순례

풀과 잡목이 무성한 망해돈대의 내부 모습

다만 부분적으로 남아 있는 토축이 있을 뿐이다. 토축은 이어져 있지 않고 군데군데 끊겨져 있는데, 모두 염하 쪽으로 향한 것으로 보아 포좌가 있었던 곳으로 보인다. 동북쪽 토축에 폐초소가 하나 있는데, 이곳 역시 포좌 자리였을 것으로 보인다.

제승, 염주, 갑곶돈대와 함께 제물진 관할 아래 있었던 망해돈대는 기록에 따르면, 둘레는 90보, 첩은 20개이다. 즉, 둘레가 110m, 사격용 치첩여장이 상곽 위에 20개소가 배치되어 있었다는 뜻이다.

문화재청 홈페이지에서는 아래와 같이 서술되어 있다.

"유적의 평면 형태는 원형에 가깝고 지름은 약 40m이다. 이 일대는 가시덤불이 많아 접근이 어려운 상태이다. 옥포제방 축조시에 망해돈대의 면석을 이용했다고 하며, 잔존한 석부재는 확인할 수 없다. 다만 토축의 흔적으로 대강의 윤곽을 확인할 수 있으나, 그 일부도 인공시설물에 의해 훼손된 상태다. 이 돈대의 용도는 강화외성 내 수로 측면에 위치하고 있어서, 수로를 통해 침입하는 외적을 방어하기 위해 설치되었던 것으로 추정된다."

망해돈대는 부근까지 갔어도 여간해서는 찾기도 쉽지 않다. 길에 팻말 하나 서 있지 않고 유적 흔적을 찾아보기 힘들기 때문이다. 답사객들이 남긴 이 흔적을 보고 돈대를 찾았다.

망해돈대는 현재 풀과

돈대 남변의 토축. 가장 길게 남아 있다.

돈대의 석문이 있었을 것으로 추정되는 장소. 서쪽으로부터 가장 접근하기 쉬운 곳이다.

강화돈대 순례

잡목으로 뒤덮여 있어, 일반인이 보기에 도저히 유적이라고 알아볼 수가 없다. 강화읍내에 있는 유적인데도 어찌된 영문인지 안내판 하나 서 있지 않다. 선조들이 남긴 문화유산에 대해 이처럼 무관심할 수 있다니, 놀라울 따름이다.

강화도 54개 돈대는 크게 정비·복원된 돈대 18개와 미정비 돈대 36개로 나뉜다. 망해돈대처럼 거의 멸실 단계에 있는 돈대들의 수는 무려 22개소나 된다. 전체 돈대 수의 반에 가까운 셈이다.

2000년 육군박물관의 조사에 따르면, 강화도의 국방유적은 5진, 7보, 54돈대가 있는 것으로 밝혀졌다. 이중 섬 전체 해안선을 따라 설치돼 있는 돈대는 국내에서는 강화도를 제외하곤 거의 자취를 찾을 수 없어 특별히 주목되는 유적이다. 대부분 해안가 요새에 위치한데다 원형, 방형, 타원형 등 형태도 다양해 '국방유적의 꽃'으로 불릴 정도다.

관계당국에서는 앞으로는 국방유적에 대한 종합정비 기본계획을 바탕으로 문헌·유구기록 조사와 지표발굴 조사를 거쳐 정비·복원을 체계화할 계획이라 한다.

강화군은 우선 미정비 돈대 36개 중 원형 보존이 가능하고 인근에 진, 보와 같은 군사유적을 갖추고 있던 돈대를 중심으로 복원에 나설 계획이라고 밝혔지만 아직까지 본격적인 복원작업은 차일피일 미루면서 나서지 않고 있다. 관계 당국의 자성을 촉구하며, 하루빨리 우리의 자랑스러운 문화유산이자 세계 유일의 돈대군을 완전 복원하여 '강화돈대 르네상스'를 앞당겨줄 것을 당부드린다.

북쪽으로 1,120보^{1,340m} 가면 옥창돈대, 남쪽으로 681보^{910m} 가면 제승돈대가 나온다.

염하로 향하고 있는 이 토축의 갈라진 틈은 포좌가 있었던 자리로 보인다. 이런 곳이 4개 나란히 있다.

동북쪽 토축에 폐초소가 하나 있는데, 이곳 역시 포좌 자리였을 것으로 보인다.

염하가 보이는 동쪽 토축과 갈라진 틈. 포좌 자리였을 것이다.

돈대 남동면의 토축. 역시 염하가 내려다보인다.

돈대에서 동쪽으로 보이는 풍경. 잡목 사이로 염하가 보인다.

35 문수산이 한눈에 보이는 요충 옥창돈대

강화군 강화읍 옥림리 125번지 소재

강화 동쪽 염하 기슭의 야산 정상부에 자리잡고 있는 옥창玉倉돈대는 조선 숙종 5년1679 강화 해안을 따라 48개의돈대들을 집중적으로 축조할 때 쌓은 것으로, 현재 멸실 단계로 남아 있는 것이 거의 없다.

바로 북쪽으로 1.3km 떨어진 월곶돈대는 완전히 복원되어 아름다운 자태를 뽐내고 있는 것과는 너무나 대조적이다. 이웃 돈대로서 이처럼 운명이 극명하게 엇갈린 것은 해안에 옥계방죽을 쌓으면서 옥창돈대의 석재들을 죄다 반출해갔기 때문이다.

버려진 채 방치되고 있는 옥창돈대의 내부. 밭고랑이 뒤덮고 있다. 엄연히 유적 훼손 금지 안내판이 서 있는데도 경작을 한 것으로 보인다.

기록에 따르면 옥창돈대는 둘레가 200m, 성첩^{여장}이 41개로 나와 있는데, 상당히 큰 규모의 돈대였던 것으로 보인다. 현재 남동면에 돈대의 외벽이 남아 있는데, 길이 약 45m 길이에 3단 높이의 석벽이 완만한 곡선을 이루고 있다. 최하단은 약 30cm 정도 퇴물림하였다. 그리고 성벽 아래 경사지로 토사 유출을 방지하기 위한 기단 석축이 남아 있다.

봉재산의 기슭에 강화중성이 시작되는 곳에 자리한 옥창돈대 역시 망해돈대와 마찬가지로 외성 내부 수로 측면에 축조되어 있었던 것으로 보인다. 강화 중성은 북쪽으로 북장대에서 옥림리의 옥창돈대까지 약 1.8km, 남쪽으로 남장대에서 가리산돈대와 갑곶돈대 사이 외성의 한 지점까지 약 6.3km로서 총길이는 약 8.1km에 달하는 토성으로, 고려가 1231년 몽골의 침입에 맞서기 위해 고종 37년¹²⁵⁰에 쌓은 것이다.

흩어져 있는 돈대 석재들. 이마저도 드물다.

현재 돈대의 내부는 오랜동안 경작지로 사용된 듯 밭고랑들이 나 있다. 돈대 기단부에는 아카시, 느티나무 고목이 우거져 있고, 돈대 아래로는 돈대의 석재들을 모두 집어삼킨 옥계방죽이 내려보인다. 북동쪽 끝으로 가면 안내판을 볼 수 있는데 이렇게 적혀 있다.

"조선 후기 강화도 수비 체제의 중요한 방어시설로 외적의 해안 상

돈대 남쪽에 기단층이 좀 남아 있다.

신기하게 기단층 3단이 멀쩡하게 남아 있다. 돈대 아래 민가를 보호하기 위함인 듯하다.
비탈 아래 희우당이 있다.

강화돈대 순례

륙을 저지하고 나아가 수도 방위의 전초적 역할을 담당하여 외세의 침입을 사전 효율적으로 응징하고자 설치된 국방유적으로 조선 숙종 5년[1679] 축조된 돈대 중 하나이다. 돈대 및 주변 현상을 무단 변경시에는 문화재보호법 제104조 2항에 의거 10년 이하 징역이나 1억 원 이하의 벌금에 처할 수 있음을 알려드립니다. 강화군수"

그러나 돈대 안은 오래 전부터 밭으로 사용되어 원형 훼손에 상당히 영향을 끼친 듯하다. 문화재법이 엄연히 있는데도 관리가 제대로 안 되고 있는 게 아쉽다. 지금이라도 경지 금지 팻말을 세우고 엄격히 관리해야 할 것이다.

돈대의 석축 중 가장 많은 면석이 남아 있는 것은 동벽 부분으로, 하단에 석축이 많이 남아 있다. 하지만 북쪽은 덩쿨과 잡목으로 가려져서 거의 보이지 않는다. 돈대의 석문이 있을 만한 서쪽을 뒤져봤지만, 돈문 터를 확정할 만한 증거는 찾지 못했다. 다만 유력한 문지가 아닐까 추측되는 장소는 있었다.

돈대의 동남쪽 비탈 아래에는 얼마 전 TV예능 '불타는 청춘' 촬영장소였던 희우당이 보인다. 철종이 강화도령 시절에 금씨 성을 가진 총각과 친하게 사귀었는데, 왕이 된 후 친구에게 도사의 벼슬을 내리고 일대의 토지를 하사했다. 금도사는 이곳에 큰 한옥을 짓고 살았다 한다. 오랜 세월이 지나 금도사의 집은 퇴락했고, 1937년에 새로운 한옥을 지었는데, 지금은 한옥 한 동만이 남아 있는 상태이다. 지금도 금도사의 후손들이 옥림리에 살고 있다고 한다.

북쪽으로는 775보[930m] 거리에 월곶돈대가, 남쪽으로는 1,120보[1,340m] 거리에 망해돈대가 있다.

희우당 쪽에서 바라본 옥창돈대 기단석들. 4개층 정도가 남았다. (사진/박채광)

(왼쪽) 돈대 남면의 퇴물림으로 쌓은 기단석. 토사 유출을 방지해 성벽을 보호하기 위한 장치다.
(오른쪽) 석수의 손을 거친 네모난 면석들이 보인다.

널찍한 돈대 내부가 밭고랑으로 뒤덮여 있다. 그 너머로 염하가 보인다. 역시 풍광이 그만인 요충이다.

(왼쪽) 거대한 고목이 돈대 기단석 틈을 비집고 서 있다.
(오른쪽) 포대 내부에 농사용 창고가 그대로 방치되어 있다. 유적지란 말이 무색하다.

돈대
꿰미길
네 번째

강화 북안의 강화돈대

36 가장 아름다운 정자가 있는 월곶돈대

강화군 강화읍 월곳리 242 소재 | 강화 북동쪽 월곳리*에 있는 월곶^{月串}돈대는 연미정으로 더 잘 알려져 있다. 월곳리는 한강과 임진강이 합류하는 지점으로서 물길의 하나는 서해로, 또 하나는 갑곶^{甲串} 앞 염하로 흘러가는 물길 모양이 마치 제비 꼬리와 같다 하여 제비 '연^燕', 꼬리 '미^尾' 자를 써서 정자 이름을 연미정 이라 지었다고 한다.

---

* **월곳리** 원래는 월곶리가 맞는데 행정 직원의 착오로 월곳리가 되었다.

강화돈대 순례

월곶돈대. 연미정이 있는 돈대로 유명하다. 월곶리는 한강과 임진강이 합류하는 지점에 있다. (사진/문화재청)

한강진 입구에 자리잡은 월곶돈대는 남으로 염하와 연결되고, 북으로 조강을 통해 서해로 진출할 수 있는 교통의 요지이다. 월곶돈대 꼭대기에 세워져 있는 연미정에 오르면 북으로는 황해도 개풍군 일대를 조망할 수 있으며, 동쪽으로는 김포 일대의 아름다운 풍광이 한눈에 들어온다. 옛날에는 서해에서 서울로 가는 배가 이 정자 밑에 닻을 내리고 물때를 기다렸다가 한강으로 들어갔다고 한다.

마니산, 전등사, 보문사와 함께 강화팔경의 하나로 손꼽히는 연미정은 예로부터 음력 보름에 맞는 보름달맞이가 일품이다. 그러나 연미정은 아픈 역사를 품고 있는데, 인조 5년[1627] 정묘호란 때 후금과 굴욕적인 강화조약을 체결하는 장소가 되었다. 이로써 조선은 오랑캐라 여겨온 후금, 즉 청나라를 형님처럼 대우해야 하는 굴레를 지게 되었다.

정자의 최초 건립 연대는 확실치는 않으나 고려시대에 지어졌다고 하며, 1244년[고종 31]에 시랑 이종주에게 명해 구재생도[九齋生徒]를 이곳에 모아놓고 공부시켰다는 기록이 있다. 조선시대에 들어와서는 삼포왜란 때 전라좌도방어사로 큰 공을 세운 황형[黃衡]에게 정자를 하사했으며, 현재도 황씨문중의 소유로 되어 있다. 연미정은 1995년에 인천광역시 유형문화재 제24호로 지정되었다.

연미정 앞을 흐르는 한강의 하류 줄기를 조강[祖江]이라 하는데, 육지에서 500m가량 떨어진 강 가운데 무인도인 유도[留島]가 있다. 소가 홍수에 떠내려오다가 이 섬에 머물렀다는 전설과 함께 '머물은섬·머무

월곶돈대 앞모습. 앞의 비는 연미정 주인 황형 장군 택지 기념비, 오른쪽 건물은 조해루. (사진/김남희)

루섬'이라고도 하는데, 지난 1996년 중부지방의 집중호우로 홍수가 나면서 북한에서 떠내려온 소가 이 섬에서 발견되어 화제가 되기도 했다. 이 소는 결국 그해 겨울 영양실조에 빠져 해병대에 의해 구조되어 '평화의 소'라는 이름을 얻었다.

이 조강 건너편은 바로 북한땅이다. 그래서 과거에는 민간인 통제구역으로 일반인 출입에 제한이 있었으나, 2008년 해제되어 지금은 누구나 자유롭게 들어가 관람할 수 있다.

한강과 임진강이 합류하는 지점으로 교통의 중심지일 뿐 아니라 군사적으로도 요충지인 이곳에 월곶돈대가 들어선 것은 속종 5년[1679] 강화유수 윤이제의 지휘로 48개의 돈대들이 축조되었을 때다. 돈대의 형태는 동서 47m, 남북 38m의 타원형이며, 둘레는 124보[148m], 치첩[성가퀴]은 48개라는 기록이 남아 있다.

한강 하구의 요충지를 방어한 월곶돈대는 적북-휴암-옥창돈대와 함께 월곶진에 소속되어 있었다. 강화의 12진보[鎭堡] 중 하나인 월곶진은 원래 교동喬桐에 있었는데, 강화도 수비를 강화하기 위해 이곳으로 옮겨진 것이다. 일반적으로 종4품인 만호가 진보의 장이었던 데 비해 강화 방어체계의 중추였던 월곶진은 유일하게 종3품인 첨사가 통솔했다. 병력은 군관, 토병 등을 합해 약 130여 명 정도였다.

19세기에 제작된 8폭 병풍의 〈강화도지도〉서울대박물관 소장에 따르면, 연미돈燕尾墩으로 표기된 연미정 외에 건물지 1동이 추가로 있었던 것이 확인된다.

월곶진과 돈대 역시 오랜 세월 동안 방치된 탓에 붕괴되면서 많은 석재들이 유실되었지만, 강화 전적지 복원사업의 일환으로 돈대 아래 강화외성의 6개 문루門樓 중 하나인 조해루朝海樓와 함께 오늘날처럼 제 모습을 되찾았다.

북쪽으로 1,110보1,320m 가면 휴암돈대가 나오고, 남쪽으로는 775보 930m 거리에 옥창돈대가 있다.

월곶돈대 문. 보기 드문 홍예문이다.

돈문 안으로 보이는 연미정

(왼쪽) 염하 쪽으로 포안을 낸 포좌. 상단의 성가퀴(여장)도 말끔히 복원되었다.
(오른쪽) 포안으로 내다본 염하(강화해협)의 풍경. 건너편으로 김포의 보구곶이 보인다.

연미정과 500년 된 느티나무. 정자의 오른쪽에도 같은 느티나무가 있었는데, 몇 년 전 태풍에 부러졌다. (사진/김남희)

성가퀴 너머로 보이는 조강과 유도

연미정과 느티나무와 성가퀴. 성가퀴의 구멍과 틈새로 총구를 내놓고 발사한다.

월곶돈대 앞을 흐르는 조강祖江 건너편은 바로 북한땅이다.

오른쪽이 강화외성으로 월곶돈대와 연결된 월곶진의 문루인 조해루가 보인다. (사진/문화재청)

여장 너머로 보이는 조강. 건너편이 북한땅이다.

③⑦ '강화외성'이 시작되는
적북돈대

강화군 강화읍 대산리
산 1번지 소재

적북^{赤北}돈대는 1679년^{숙종 5} 강화 해안선을 따라 48개의 돈대들이 집중적으로 축조되었을 때 쌓은 돈대 중 하나이다.

　연미정으로 난 해안도로를 따라 북상하다가 대산리 방향으로 도로가 끝나는 지점에서 오른쪽 바다로 돌출한 지역의 야트막한 야산 정상부에 올라앉은 적북돈대는 현재 민간인 출입이 금지되어 있는 민통선 안에 있다.

　이곳은 숭릉천^{崇陵川}이 염하로 유입하는 초입으로, 돈대는 이 천변의 적북돈대. 그 앞을 대월로가 지나고 있다.

북쪽에 위치하고 있다. 기록에 따르면, 숭릉천은 강화군의 하점면 부근리 고려산에서 발원하여 송해면 대산리 시장곳 돈대 옆의 대산 배수 갑문을 통해 염하로 유입하는 하천이라고 하는데, 적북돈대가 선 곳의 지명이 시장곳임을 알 수 있다.

　'강도지'에는 숭릉천이 '오리천五里川'이라 표기되어 있으며, "근원은 고려산에서 발원하여 북으로 흘러 하포蝦浦로 들어간다. 시인 권필權韠의 옛 무덤이 있었다"라고 기록되어 있다. 오류천 하구를 하포라 불렀음을 알 수 있다. 권필은 광해군의 폭정을 비판하다가 곤장을 맞고 죽은 당대의 최고 시인이었다. 권필이 강화에 은거하며 후학들을 가르친 송해면 하도리에 있는 서당터에는 권필의 후손이 세운 '석주권선생유허비石州權先生遺墟碑'가 남아 있다.

멀리 보이는 산자락 끄트머리 야산의 소나무 한 그루가 서 있는 정상부에 적북돈대의 터이다. 그 오른쪽 낮은 부분이 대월로가 지나는 길이다.

제자리를 잃은 면석들이 뒹굴고 있다.

적북돈대의 남쪽 모습. 도로로 인해 돈대 원형이 많이 훼손되었다.

적북돈대가 숭릉천 입구에 세워진 것은 적이 내륙으로 침투하는 것을 막기 위한 것으로 보인다. 그러나 현재 돈대의 상태는 인공시설물로 인해 거의 훼손되어 원형을 찾아보기 힘들다. 돈대 유구 앞으로는 대월로라는 큰길이 닦여져 있는데, 이 도로 공사로 돈대의 훼손이 더욱 심화되었을 것으로 짐작된다.

이곳 마을 사는 90세 넘은 어르신의 증언에 의하면, 어렸을 때만 해도 저 나무 뒤 바닷가 방향으로 돌로 쌓아놓은 돈대가 있었는데 지금은 모두 없어지고, 어찌된 일인지 거의 남아 있는 게 없노라고 한다. 어르신의 증언에 의해 이곳의 옛 지명이 돌모루로 불린다는 것이 밝혀졌다. 그래서 적북돈대는 돌모루 또는 돌머루돈대로 불리기도 한다.

현재 적북돈대의 모습은 여기저기 토축들이 산재해 있을 뿐, 성곽의 윤곽도 그려보기 힘든 형국인데, 옛 기록에는 휴암, 월곶, 옥창돈대와 함께 월곶진에 속했으며, 둘레 96보, 성첩^{여 장} 39개로 나와 있다.

적북돈대에서 특기할 만한 사항은 적북돈대에서 초지진에 이르는 23km의 강화외성이 적북돈대에서 시작되었다는 사실이다. 원래 강화외성은 고려 23대 고종이 1232년 몽골의 침입으로 강화도로 천도한 뒤 해안 방어를 위해 쌓은 약 40리에 이르는 토성을 말한다.

동쪽 해안을 따라 쌓은 외성은 몽골군이 바다를 건너 공격하지 못하게 한 가장 중요한 방어시설이다. 조선조에 들어 숙종과 영조는 이 강화외성을 보수하고 강화를 강력한 방어기지로 만들기로 하여 돌로 보강하고 암문 6개소, 수문 17개소를 설치했다. 강화성은 내성·중성·외성으로 이뤄져 있으며, 내성은 주위 약 1,200m로 지금의 강화읍성이다.

안내판 하나 서 있지 않는 적북돈대는 국방유적에 대한 종합정비 기본계획을 바탕으로 문헌·유구기록 조사와 지표발굴 조사를 거쳐 조속히 정비·복원에 나서야 할 것으로 보인다. 그러기 위해서는 이곳이 어디인지를 알려주는 안내판부터 설치해야 할 것이다. 그것이 복원의 첫 걸음이자 우리 문화유산에 대한 최소한의 예의가 아닐까 싶다.

적북돈대 북쪽에는 940보^{1,230m} 거리에 낙성돈대가 있고, 남쪽으로는 휴암돈대가 550보^{660m} 거리에 있다.

적북돈대를 지키는 마스코트 소나무. 그 아래 돌들은 돈대의 석재들로 보인다. 대월로 준공 기념탑을 보니 도로를 닦을 때 돈대 원형이 많이 훼손되지 않았을까 하는 합리적 의심이 든다.

염하 쪽의 토축. 참호 자리가 포좌였을 것으로 추정된다.

적북돈대의 토축 위에 서서 바라본 서쪽 내륙의 풍경. 돌모루로 흐르는 숭릉천이 보인다.

(왼쪽) 가장 높은 북쪽의 토축. 한때 저 위에는 총안을 갖춘 여장(성가퀴)이 둘러쳐져 있었을 것이다.
(오른쪽) 초소는 현재 사용하지 않고 전시에만 사용될 것이라고 한다.

38 안내판 하나 없는 폐허
숙룡돈대

강화군 송해면 숭뢰리
534번지 소재

강화 북쪽 해안 언저리에 자리잡은 한 농가의
뒤쪽으로 편평한 언덕이 솟아 있는 것이 보인
다. 농가 옆 울타리가 쳐져 있는 산비탈길을 따
라 몇십 미터 걸어올라가니 널찍한 공터가 나온다. 가장자리에 외래식
물인 미국자리공들이 무성할 뿐, 아무것도 없이 횅한 이 공터가 바로
숙룡宿龍돈대 터다.

눈길을 이리저리 돌려보아도 돌짝 하나 찾아보기 힘들다. 위엄있게
해안 가에 우뚝 서 있었을 돈대를 이루었던 그 많은 돌들은 다 어디로

268

그 많던 돌들은 다 어디로 갔을까? 무엇 하나 남은 것이 없는 폐허, 숙룡돈대의 전경. 한강과 임진강이 만나 이루는 조강 물줄기를 건너 멀리 북한땅이 보인다.

간 것일까? 양쪽에 떡갈나무 두 그루가 지키고 있을 뿐 안내판 하나 서 있지 않다.

전하는 말에 의하면, 이 돈대의 면석들은 해방 후 타지역 제방 축조에 끌어다 쓰는 바람에 청소하듯 사라져버렸다고 한다. 그 제방은 추측컨대 아마도 인근의 숭뢰저수지가 아니었을까 싶다. 문화재고 유산이고 찾기 전에 먹고 살기에 바빴던 고단한 시절이 만들어낸 사연이라고 하겠다.

숙룡돈대는 조선 숙종 5년[1679] 강화유수 윤이제가 설치한 48개 돈대 중 하나로, 숭룡돈대, 승룡돈대라고도 불리는데, 부근의 석우돈, 빙현돈, 소우돈, 낙성돈과 함께 승천보 소속이었다. 둘레는 82보, 성가퀴[여장]는 33개로 나와 있으나, 포좌 수는 알 수 없다. 문화재청 홈페이지에서 숙룡돈대를 찾아보면 달랑 이렇게만 나온다.

이 농가를 끼고 돌아 비탈길을 좀 오르면 숙룡돈대 터가 나타난다.

(왼쪽) 장대석이 섞여 있다. 포좌이거나 문지였던 터라는 뜻이다.
(오른쪽) 방공호 통로로 사용된 듯한 입구에 장대석과 면석들이 보인다.

포좌였던 곳으로 보이는 곳에 면석들이 흩어져 있다.

강화돈대 순례

"숭뢰리 금동산의 북서 자락 끝에 위치하는 곳으로 근처에 전좌기殿座基가 있다. 숙룡돈대는 해방 후 이루어진 제방축조에 면석이 사용되었다고 전하며, 현재는 인공시설물에 의해 현상 파악이 힘들다. 하지만 토축의 흔적으로 그 대략의 규모를 알 수 있는데, 남북 21m, 동서 25m의 방형에 가까운 돈대이다. 북쪽으로는 폭 3m, 높이 1m, 길이 25m 토축흔이 남아 있고, 남면에도 토축 일부가 잔존하고 있다."

올라가서 살펴보니, 농가 뒤 오른쪽 밭 부근 넓은 평탄지가 전좌기 터로 보인다. 참고로 전좌기는 고려 고종이 몽골의 침략을 피해 강화로 천도할 당시, 승천포로 중국 사신을 맞으러 가다 쉬어간 자리이며, 또 조선 인조 5년1627에는 대궐 후보지로 지정된 곳이기도 하다. 현지 토박이 주민으로 이장을 지낸 박시현58세씨의 증언에 의하면, 어릴 때부터 이 부근 지역을 숙룡머리라 했으며, 곧잘 전좌기 터에 올라가 놀았던 기억이 있다고 한다.

그러나 위의 '인공시설물에 의해 현상 파악이 힘들다'는 설명은 이미 현장에는 맞지 않는 말이 되었다. 아마 군 시설을 가리킨 듯한 '인공물'은 찾아볼 수 없을뿐더러, 그로 인해 훼손된 흔적마저 가름하기 어렵다. 사방을 둘러보아도 무엇 하나 서 있는 것이 없는 잡초만 무성한 폐허일 따름이다.

다만 북쪽에 방공호 통로로 사용된 것으로 보이는 입구에는 문지로 사용되었을 법한 장대석과 면석이 몇 개 보인다. 그리고 문지 좌우로 토축이 확인되며, 토축 내부에는 더러 묻혀 있는 면석들이 눈에 띈다. 토축은 북으로 폭 3m, 높이 1m, 길이 25m 정도이다. 돈대 유적임을 분명히 말해주는 이것만으로도 반가울 지경이다. 왜냐면 이곳이 숙룡

돈대 터 초입에 서 있는 돌. 자연석인지 성벽의 일부인지 알 수가 없다.

돈대라고 알려주는 안내판 하나 서 있지 않기 때문이다.

돈대 터 아래로는 논밭들이 펼쳐져 있고 멀리 정면으로는 철책선이 쳐져 있다. 아마 저 논밭들은 개간된 것이며, 돈대 축조 당시에는 다 바다나 갯벌이었을 것이다. 그 너머로 한강과 임진강이 만나 이루는 조강 물줄기를 건너 멀리 북한땅이 보인다. 황해북도 개풍군 땅이다. 여기서 개성까지는 직선거리로 20km밖에 안 된다. 예나 지금이나 천혜의 요충임에는 틀림없다.

지금은 아무것도 없는 빈터이지만 과거에는 군 시설들이 있었음을 알려주는 시멘트나 벽돌, 타일 조각들이 땅바닥에 뒹굴고 있다. 그리고 기와 조각과 도자기 파편들도 많지는 않지만 더러 눈에 띈다.

시설들을 철거한 후 평탄 작업까지 한 모양인지 돈대의 규모를 한눈에 알아볼 수 있다. 이쯤이면 이곳이 숙룡돈대가 있었던 유적지임을 알려주는 안내판 하나라도 세워주는 것이 선조들이 남긴 유적에 대한 최소한의 예의가 아닐까?

북쪽으로는 소우돈대가 1,096보3,120m 거리에 있고, 남쪽으로는 낙성돈대가 940보1,230m 거리에 있다.

강화돈대 순례

북한땅이 훤히 보이는 요충이다. 옆에 서 있는 키 큰 떡갈나무들이 이 터를 지키는 마스코트처럼 느껴진다. 이 어름에 훗날 복원을 염원하면서 숙룡돈대 이름이 적힌 안내판 하나만 세우면 좋겠다.

(왼쪽) 문지 좌우로 토축이 확인되며, 토축 내부에는 면석들도 확인할 수 있다. (출처/강화문화재 여행)
(오른쪽) 북쪽 상단에 보이는 잘생긴 면석 (출처/강화문화재여행)

③⑨ '높이'만 남아 있는 소우돈대

강화군 송해면 당산리
425 소재

강화도 동안에 있는 소우돈대는 한마디로 거의 멸실 직전에 있는 돈대로, 원형은 거의 뭉그러지고 '높이'만 남아 있는 형편이다.

야산 정상부의 돈대 자리에는 현재 인공시설물이 들어서 그 원형을 찾을 수 없다. 그 많던 면석과 장대석들은 다 어디로 사라지고 약간의 토축만 여기저기 눈에 띈다. 이 상태로는 현상을 파악하기엔 거의 불가능할 것으로 보인다. 따라서 형태 역시 미상일 수밖에 없다.

우뢰돈대 또는 우레돈대로도 불리는 소우돈대는 송해면 당산리 박

소우교에서 바라본 소우돈대. 군 시설이 들어서 있고 거의 멸실 단계에 있다.

촌마을에서 왼쪽으로 펼쳐진 경리 정리된 너른 논벌의 동쪽 끝자락에
우뚝 솟은 야산의 정상부에 자리잡고 있다. 금곡천金谷川의 하류와 바다
가 접하는 합수부의 남쪽에 위치한다. 하점면 부근리 시루메산에서 발
원한 금곡천은 송해면 당산리를 지나 한강 하류인 조강에 유입하는 하
천이다. 1696년에 편찬된 〈강도지〉에 "승천포의 근원은 봉두산에서 출
발하여 북으로 흘러 바다로 들어간다"고 기록되어 있다. 이것을 보면
승천포는 금곡천의 하구를 지칭하는 것으로 볼 수 있다.

민통선 안 군 초소가 있는 소우돈대의 정상부에 올라서면 높직한 둔
덕 아래로 도도히 흐르는 조강 물줄기가 한눈에 들어온다. 역시 무엇
하나 눈길을 가리는 것이 없이 탁 트인 있는 관측의 요충이다. 강줄기
하나 건너로는 민둥민둥한 북한땅이 바로 손에 잡힐 듯이 보인다.

1679년숙종 5 강화 해안을 따라 48개의 초기 돈대들이 축조되었을 때

소우돈대로 올라가는 경사로 한쪽의 석축을 철망으로 감싸고 있다.

지어진 돈대 중 하나인 소우돈대는 석우, 빙현, 숙룡, 낙성논대와 함께 승천보 관할 하에 있었다. 48개 돈대는 숙종 5년 3월 승군 8천여 명과 어영군 4천여 명을 투입하여 80일 만에 공사를 끝냈다.

기록에 따르면, 소우돈대는 둘레가 70보^{98m}라 하니, 그리 큰 규모의 돈대는 아니었던 셈이다. 또 성첩이 25개였다고 하는데, 여장이라고도 하는 이 성첩은 성곽 위에 쌓은 얕은 담으로, 숨어서 총이나 화살을 쏠 수 있는 방어시설을 말한다. 물론 현재는 하나도 남아 있지 않다. 소우돈대는 그 내부에 건물을 두어 창고와 수직守直하는 병사의 숙소로 삼았다고 한다.

소우돈대를 관할했던 승천보는 바로 옆 승천포에 위치했는데, 이곳은 고려시대 몽골의 침략을 받아 강화로 천도할 때 국왕 고종이 처음 강화에 발을 디딘 유서 깊은 곳이다. 이후 몽골과 교섭할 때 두 나라 사신들이 자주 드나들었다는 전승이 있는 곳이기도 하다. 또한 조선시대에는 강화 방비책의 일환으로 주변 여러 곳에 진보를 설치했던 역사적

돈대에서 나온 석재로 보이는 돌들이 곳곳에 남아 있다.

의의가 있는 지역이다.

이 지역은 고려시대 개성지역과 왕래하던 전통적인 포구지역이었으며, 갑곶나루와 함께 강화도에서 배를 댈 수 있는 몇 안 되는 지역이다. 19세기 중엽에 그려진 '강화관방도'에 따르면, 승천보에는 동헌과 내사, 삼문이 모두 갖추어져 있었는데, 동헌은 3칸의 기와지붕으로, 내사는 'ㄱ'자 건물로 꾸몄다. 효종 8년[1657] 신설되었던 승천보에는 종9품의 별장과 군관 25명, 토졸 16명을 배치시켰다고 전한다.

현재 돈대의 상태는 군 초소로 올라가는 오르막길 오른쪽에 남아 있는 성벽이 가장 큰 덩어리이고, 그밖에는 남쪽과 서쪽으로 상당 길이의 토축이 변형된 형태로나마 잔존하고 있다. 본격적인 복원 작업이 이루어진다면 저 토축 아래 상당한 분량의 석재들이 묻혀 있지 않을까 하는 희망적인 관측을 해보기도 한다.

북쪽으로 585보[700m] 떨어진 곳에 멸실된 빙현돈대 터가 있고, 남쪽으로는 1,096보[3,120m] 거리에 숙룡돈대가 있다.

돈대 북쪽의 석축. 돈대를 축조할 때 보강한 석축인 듯하다.

(왼쪽) 돈대 남쪽의 토축. 한때 성곽의 일부를 이루던 곳이다.
(오른쪽) 염하 쪽의 낭떠러지. 염하가 한눈에 들어오는 요충임을 알 수 있다.

돈대의 토축에 올라서면 동쪽으로 금곡천이 흐르는 모습이 보인다. 이곳으로 침투하는 적을 막기 위해
소우돈대가 선 듯하다.

돈대 남쪽의 토축. 쇠기둥이 박혀 있다.

돈대의 북동쪽으로 조강을 건너 북한의 개풍군 땅이 잡힐 듯이 보인다.

40 평화전망대 가는 길 옆의
석우돈대

강화군 송해면 당산리
산2-1 소재

강화 평화전망대에서 강화읍 방향으로 차를
조금 달리다 보면 오른편 길가에 넓적한 갈색
표지판 하나가 서 있는 게 눈에 띈다. 도로 옆
에 바짝 붙은 봉천산 동쪽 끝자락에 자리잡은 석우石隅돈대를 가리키
는 팻말이다. 바로 350년 전 조선중기 숙종 5년1679에 처음 강화에 축조
된 48개 돈대 중 하나다.

산중턱의 급한 경사면을 이용해 축조된 석우돈대의 형태는 반원형
이지만, 중간 부분에서 뒤쪽으로 한번 꺾여 올라갔기 때문에 앞에서

강화돈대 순례

보면 꼭 걸상 같은 꼴을 하고 있다. 이 같은 지형 특성에 맞추어 앞면은
면석을 사용하여 3m 높이의 석축을 올렸지만, 뒷면은 석축을 과감하
게 낮추어 높이가 0.5m밖에 안 된다.

　빙현돈대, 소우돈대와 함께 승천보에 속하는 석우돈대는 기록에 둘
레가 73보^{100m}, 치첩^{성가퀴}이 31개로 나와 있지만, 현재 남아 있는 치첩
은 하나도 없다. 뿐만 아니라 군시설로 사용되어 크게 변형된 나머지
포좌 자리도 가늠하기 힘들다.

　군시설이 들어서기 전 석우돈대를 묘사한 스케치를 보면 앞면 성벽
에 붕괴된 두 군데가 보이는데, 이곳이 바로 포좌 자리였을 것으로 추

돈대에 오르는 사람을 맞아주는 석우돈대 모서리 성벽. 340년을 의연히 버티며 서 있다.

경사로에 축조된 돈대 후반부의 성벽. 뒤로 갈수록 낮게 쌓았다.

정된다. 그렇다면 석우돈대는 염하 쪽을 향한 포좌를 두 개 갖고 있었다는 말이 된다. 지금은 인공시설물이 들어서 옛 모습을 찾아보기 어렵다. 돈대 내부에는 길쭉한 참호 내지 배수로가 만들어져 있는데, 모두 돈대의 면석으로 조성된 것이다.

또한 돈대의 북동쪽 모서리에는 콘크리트 평판이 조성되어 있는 게 보이는데, 한때 그 위에 대북 방송용 확성기를 설치했었다고 한다. 문화재 보호보다 안보가 더 우선시되던 시대의 유산이 그대로 남아 있는 셈이다.

이처럼 석우돈대는 많은 변형을 겪었음에도 동쪽과 서쪽 일부 구간의 석축이 붕괴되었을 뿐 성벽들이 비교적 온전히 남아 있다. 돈대에 올라서면 북동쪽으로 염하가 한눈에 보인다. 건너편은 바로 북한 개풍군의 해창곶이다. 직선거리는 약 1.4km로, 북한땅과 가장 가까운 돈대인 셈이다.

강화돈대 순례

돈대 앞면. 부분적으로 붕괴되었으나 원형을 많이 간직하고 있다.

　일부 주민 사이에는 석우돈대가 남쪽의 빙현돈대로 잘못 알려져 있는 듯하다. 안내판에도 잘못된 내용이 그대로 적혀 있다. 석우돈대 아래쪽 승천보 부근에 위치한 빙현돈대는 현재 경작지로 사용되고 있어 흔적을 찾기 어렵다. 얼마 전 50cm짜리 면석 하나가 발견되었을 뿐이다.

　주변의 지형지물들이 특이해서 그런지 이 돈대는 별칭도 많은데, 돌모루돈대, 널다리돈대, 판교돈대 등으로도 불린다. 비록 원형이 많이 훼손되었으나, 민통선 내 있는 돈대 중에서는 접근성이 좋은 만큼, 강화 평화전망대 가는 길에 한번 들러 300년 전 우리 선조들이 만든 노작을 감상할 겸 주변의 확 트인 풍광을 즐겨보는 것도 퍽 괜찮은 선택일 듯싶다.

　석우돈대의 북쪽으로는 984보^{1,180m} 거리에 천진돈대가 있고 남쪽으로는 585보^{700m} 거리에 멸실된 빙현돈대가 있다.

성벽 모서리. 육축부에 성벽 보호용 기초단을 쌓았다.

무너진 성벽. 돈대 문터였을 것이다.

앞의 콘크리트 구조물은 한때 대북 방송용 확성기를 설치했던 자리. 강화해협 너머로 북한땅이 보인다. 개풍군의 해창곶으로 직선거리는 약 1.4km밖에 안 된다.

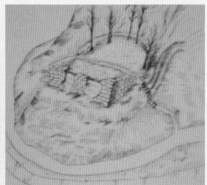

(왼쪽) 성곽 위에 여장은 하나도 남아 있지 않다.
(오른쪽) 군 시설이 들어서기 전 스케치한 돈대 모습. 앞면의 무너진 두 곳이 포좌였을 것이다.
(출처/육군박물관)

41 군데군데 토축만 남아 있는 천진돈대

강화군 양사면 철산리 203 소재 | 강화도 북단지역은 고려시대부터 근·현대에 이르는 안보 관련 유적이 밀집돼 있으며 민간인 출입이 60여 년 이상 통제된 지역으로 북한

과의 최단거리가 1.8km밖에 되지 않는다. 북한과 가까워 민간인이 들어갈 수 없도록 철책선이 처진 지역에는 의두, 철곶, 천진 등 3개 돈대들이 촘촘하게 들어서 있으며, 해안에는 70m 길이의 굴과 옛 무역항인 산이포山伊浦가 있다.

특히 천진돈과 석우돈 사이에 있었던 산이포 마을은 분단 이전 강화 천진돈대의 현재 상황. 인공시설물로 인해 안타깝게도 원형을 찾아보기가 힘든 상태이다.

에서 가장 번성했던 항구였으며, 그 흔적으로 토지가 도시처럼 세밀하게 분할돼 있어 지적도만으로도 당시에 번성했음을 확인할 수 있는 분단의 아픔이 남아 있는 곳이다.

　서울, 개성, 연백으로 연결되는 강화 최대의 항구로 유명했던 산이포는 양서海西-關西, 곧 황해도와 평안도에서 서울로 가거나 삼남에서 개성으로 가는 배들이 물때를 기다리던 포구였다. 많을 때는 100여 척의 어선, 상선들이 몰리기도 했는데, 각종 상선과 조기 운반선은 서울 혹은 개성으로 가기 위해 여기서 물때를 기다렸고, 선원들이 묵을 여관과 상점, 술집 등이 들어섰다.

돈대인지 단순한 석축인지 분간이 안 가는 돌무더기가 입구에 보인다.

이 부분이 가장 많이 남아 있는 천진돈대의 유구. 옆에는 인공시설물이 자리잡고 있다.

　사람들이 모이자 5일장과 우시장도 생겨나 신이포구 마을은 점점 커져 6·25 전까지만 해도 약 700여 가구가 모여 번성한 포구마을을 이루었다. 그리고 인근 해안에는 청일전쟁 때 1,000명이 숨졌다는 500m '천신굴'이 있는데, 길이 500m로 박쥐가 많이 살고 있다고 한다.

　이곳은 또한 조선시대 철곶보鐵串堡가 있던 지역으로 철곶이라 부르고 있다. 철산리라는 아을 이름은 이 철곶과 포구 마을인 산이포와 합쳐져서 나온 것이다.

　숙종 5년1679 축되된 48개 돈대 중 하나인 천진돈대는 유감스럽게도 거의 멸실 단계에 이르른 상태이다. 현재 인공시설물 설치로 인하여 원형이 크게 교란되고 평지화가 진행되어 원래 어떤 형태의 돈대인지조차 가늠하기 어렵다. 석벽은 대부분 붕괴되었으며, 포좌 부분은 전혀 남아 있지 않다. 현재에도 군사시설로 사용되고 있는 중이다.

　천진돈대는 초루, 불장, 의두, 철북돈대와 함께 철곶보에 소속되었

토축에서 삐죽이 비어져나온 돈대의 면석

다. 강화도 돈대의 입지가 섬 내부로 접근하기 쉬운 포구나 나루 주변
에 위치하고 있는 특징을 보이고 있는데 천진돈대 역시 그중의 하나이
다. 강화도는 조수간만의 차가 심해 나루와 포구를 통하지 않고 상륙
하기 어려운 지형이지만, 만조시 갯골 수로와 하천이 연결되어 섬 내
부로 직접 진입할 수도 있다. 따라서 돈대가 주요 포구와 하천 주변에
입지한 것은 섬으로 들어올 수 있는 길목을 아군이 선점하여 적들의
상륙을 사전에 차단하기 위한 조치였다.

  기록에 따르면 천진돈대는 둘레가 94보132m, 성첩이 38개였다고 하
지만, 현재 남아 있는 것은 하나도 없다. 천신 마을에 있어 천신돈대로
도 불리는 이 돈대는 일부 토축이 남아 있을 뿐이고, 현재에도 군이 주
둔, 경계하는 최일선을 맡고 있다.

  태어난 순간부터 제일선에서 나라를 지키는 임무를 부여받았던 돈
대는 300년이 지난 현재에 이르기까지 그 초심을 대체로 유지하고 있

(왼쪽) 돈대 남쪽의 토축. 한때 성곽의 일부를 이루던 곳이다.
(오른쪽) 돈대의 기단 면석 한 개가 자리를 지키고 있다.

는 셈이다.

산이포 앞바다는 정전협정에서 민간 선박이 자유롭게 항해하도록
정한 중립수역이다. 그러나 현실은 협정과 달리 유엔사에 의해 모든 것
이 통제되고 있다. 오래 전부터 강화의 민간단체에서 해온 '평화의 배
띄우기' 행사가 바로 이곳 중립수역에 민간선박을 띄우자는 운동이다.

철곶보는 평화전망대 아래의 지역으로, 현재까지 전혀 복원이 손길
이 미치지 못하고 있다. 철곶보를 복원하고, 철산리 군부대 안에 있는
천신돈대, 철곶돈대, 의도돈대를 모두 말끔히 복원하여 일반에 공개한
다면, 말 그대로 안보 관광자원으로 손색이 없을 것이다. 이것 또한 이
지역 주민들의 오랜 꿈이기도 하다.

북쪽으로 545보(650m) 거리에 철북돈대가 있고, 남쪽으로는 984보
1,180m 거리에 석우돈대가 있다.

강화돈대 순례

해안 쪽의 토축. 기록에 따르면 천진돈대는 둘레가 94보(132m), 성첩이 38개였다고 한다.

이 토축은 분명 후대에 쌓은 것이 아니라, 성가퀴(여장)를 올렸던 성곽을 형성하던 일부였을 것으로 보인다.

42 '별처럼 펼쳐진' 철북돈대

강화군 양사면 철산리 35 소재

조선시대 병자호란 뒤 강화도 해안방위를 위해 효종~영조에 이르기까지 수많은 돈대들이 축조되었는데, 총 54개 돈대 중 48개가 1679년 숙종 5에 집중적으로 지어졌다. 이에 관해 〈강화부지〉 '취예루기'의 한 구절은 이렇게 표현하고 있다.

돈대는 별처럼 펼쳐지고
진보는 바둑판처럼 배치되었으니,

철북돈대의 남벽. 포좌 자리가 크게 무너져 내렸다.

어찌 미리 대비하는 것이 아니겠는가?

(壑星羅而樓碁置者 何莫非取豫)

초로돈, 불장돈, 의두돈, 천진돈과 함께 철곶보에 소속된 철북돈대는 숙종 5년에 축조된 48개 초기 돈대 이후, 1726년영조 2 초루·작성돈대와 함께 새롭게 설치된 것이다.

강화 평화전망대 입구를 지나 오른쪽길로 100m쯤 올라가는 나지막한 야산 뒤편의 돌출부 철곶에 자리잡고 있는 철북돈대는 북쪽으로 의두돈대와는 550m, 남쪽으로 천진돈대와는 1,200m 떨어진 요충지다. 이곳은 예로부터 양사면 철산리 철곶마을로 불리는 지역으로, 산이포 서북쪽에 있다.

이런 연유로 일명 철곶돈대 또는 철굿돈대라고도 불리는 철북돈대는 자연적인 지형을 이용하여 철곶의 야산 위에 작은 해안요새를 만든 것이다.

현재 이 돈대는 민통선 안에 위치해 군의 관할하에 있는데, 일반인이 접근하기는 불가능하다. 큰길에서 바로 접근하는 통로는 없으며, 남쪽에 있는 천진돈대 안의 군부대를 통해 해안 철책선을 1.1km 걸어들어가야 유적에 접근할 수 있다. 물론 성곽 위에 올라서면 조강 건너로 북한 황해도 땅이 손에 잡힐 듯이 빤히 보이는 더없이 양호한 조망을 자랑한다.

무너지고 있는 성벽 모서리. 보수가 시급하다.

해안으로 돌출된 지형에 자리잡아서 관측과 방어에 매우 유리한 조건을 갖춘 철북돈대는 형태가 사각형으로, 장축은 동서 방향이다. 동서 28m, 남북 19.3m^{문지 부분}, 27.8m^{포좌 부분}, 벽체의 폭은 3.5m, 둘레는 107m이다.

돈대 외부 좌우면은 비교적 본래 모습을 유지하고 있으나, 전면과 문지는 훼손이 심한 편이다. 서쪽에 위치한 문지의 폭은 1.2m, 입구 양쪽에 있는 문주석의 높이는 오른쪽이 100cm, 왼쪽이 84cm이다. 돈대의 외부 벽체는 비교적 본래의 모습을 유지하고 있다.

성채를 쌓는 방법으로는 편축^{片築}과 협축^{夾築}방식이 있는데, 대체로 돈대는 협축 방식으로 축조되었다. 철북돈대는 협축 방식을 취했는데, 이 경우 내·외벽을 동시에 쌓아올린 후, 그 사이는 할석과 흙으로 채워 넣는 방식으로 축조되었다. 성벽은 대부분 돌로 쌓은 석성 구조로 그 높이는 대체로 2~4m이며, 평균 둘레는 90보이다.

돈대의 공격 시설은 상·하단 2층 구조로, 하단부는 포좌를 두고 화포를 설치해 상륙전 원거리 적들을 사전에 제압하였고, 상단부는 여장을 축조하여 조총 등 개인화기를 동원해 돈대에 근접한 적병을 제압하는 데 활용되었다. 그밖에 돈대 내부에는 병사들의 생활공간과 화약, 무기를 보관했던 돈사가 설치되어 있었던 것으로 추정된다.

철북돈대는 그 전면이 인공시설물을 설치할 때에 개축했는지는 알 수 없으나 굴곡면을 이루고 있다. 또한 최근에 쌓은 인공시설물에 의해 바다와 접한 동쪽 포좌가 위치한 부분과 일부 벽체가 훼손된 상태이다. 기록에 따르면 여장성가퀴이 33개 있었다고 하는데, 현재 남아 있는 것은 전무하다.

현재 이 돈대는 좋은 조망에도 불구하고 군 시설로는 더 이상 사용되고 있지 않은 듯하다. 아마 인근에 많은 군 시설들이 있어 그 필요성이 떨어져서인 듯하다. 그렇다면 돈대 복원사업이 시작되면 큰길에서 직접 접근할 수 있는 접근로를 만들어 국민에게 개방하는 방안도 한번 검토해볼 만하다.

북쪽으로는 의두돈대가 겨우 297보300m 떨어진 곳에 있는데, 이 간격은 돈대 중 가장 짧은 거리이다. 남쪽으로는 545보650m 거리에 천진돈대가 있다.

잘생긴 무사석 하나가 이곳이 돈문이 있던 자리임을 말해준다.

남쪽 성곽은 무너져내린 포좌 자리 외에는 대체로 원형을 잘 유지하고 있다.

그 많던 면석들은 어디로 다 사라지고 토축만 남았다.

(왼쪽) 성벽의 기초를 튼실하게 하기 위해 1단 성돌을 바깥으로 내어 쌓았다.
(오른쪽) 위태하게 놓여 있는 면석들. 하지만 무너진 일부 구간을 제외하곤 대체로 원형을
잘 유지하고 있다.

토축마저 무너져 있다. 멀리 능선 너머로 평화전망대가 보인다.

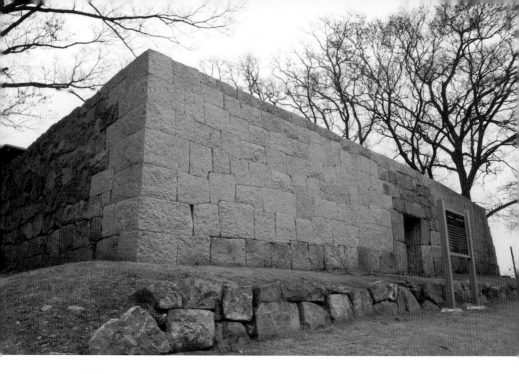

43 개성 송악산이 빤히 보이는 의두돈대

강화군 양사면 철산리 산1 소재	한강 하구와 강화만이 만나는 물길 나들목에 접한 강화도 북쪽 해안은 예로부터 수도권 방어를 위한 요충 중의 요충이었다.

조선왕조는 이 같은 사실을 절감한 나머지 강화도 북안에 5~600m 간격으로 돈대들을 촘촘히 박아넣었다. 강화도 최북단의 불장곶에 들어선 불장돈대를 위시하여 왼쪽으로는 초루, 작성, 구등곶돈대가, 오른쪽으로는 의두, 철북, 천진, 석우, 빙현, 소우, 숙룡 등의 돈대들이 1km 안팎의 거리로 빼곡히 들어서 있다.

의두돈대 정면. 복원으로 원형을 되찾았지만 원 석재와 새 돌의 구분이 확연하다.

불장돈대에서 철산리 방향으로 약 800여m를 가면 해안 쪽으로 돌출
되어 있는 지역에 자리한 의두蟻頭돈대는 그 이름에서 보듯 개미머리
같이 돌출한 지형에 설치된 것이다. 1679년肅宗 5에 축조된 48개 돈대
중 하나인 의두돈대는 초루, 불장, 철북, 천진돈대와 같이 철곶보에 소
속되어 있었다.

  북쪽 해안에 설치된 대부분의 돈대들과는 달리 운 좋게도 복원의 손
길이 미쳤던 의두돈대는 현재 대체적인 원형을 되찾은 상태다. 복원
전에는 출입문이 위치한 후면이 대부분 붕괴되었으나 기타 석벽은 비
교적 양호한 상태로 보존되어 있어 복원도 그만큼 손쉬웠던 편이다.

남쪽 성벽에 설치된 돈문. 다행히 돈문과 주변의 석재들은 유실되지 않았다. (사진/네이버카페 강화도
구석구석)

안에서 본 돈문. 문 바로 옆에 성곽으로 오르는 계단을 설치한 것이 이색적이다.

아직도 돈대로 접근하는 길에는 철문이 굳게 잠겨 있어 일반인의 출입이 통제되고 있지만, 옛 형태를 그대로 간직하고 있는 돈문 앞에는 번듯한 안내 간판이 서 있다. 최근에 설치한 것인 듯 아주 산뜻하게 보이는데, 돈대의 여느 안내 간판과는 달리 검은색 바탕 위에 흰 글씨로 "돈대는 외적의 침입이나 척후활동을 사전에 관찰하고 대비할 목적으로 접경지대 또는 해안지역에 흙이나 돌로 쌓은 소규모의 방어시설을 말한다"는 문장으로 시작되는 간략한 안내문이 적혀 있다.

강화의 문화유적 기록에 의하면, 의두돈대는 평면 형태가 장방형인 돈대로 북쪽으로 바다와 접해 있는데, 동서 15m, 남북 29m의 규모로 벽체의 폭은 4.7m였다고 한다.

현재는 일부 복원이 이루어져 성벽은 대체로 원형을 되찾았지만, 성곽 위의 여장성가퀴은 전혀 복원되지 않았고, 성채 역시 인공시설물에 의해 일부 훼손된 상태이다. 기록에 따르면, 둘레는 90m, 27개의 성가퀴가 있었다고 한다.

돈문은 남쪽 성벽에 마련하였고, 북쪽으로 1좌, 서쪽으로 1좌의 포문을 배치했는데, 동쪽의 포좌는 남아 있지 않다. 포좌는 전면과 측면에 모두 3좌이다. 전면 포좌에서는 멀리 바다 건너 송악산이 바라보이며, 측면 포좌는 해창리 방향을 향하고 있다. 전체적인 형태를 보면 계곡으로 침입하는 적을 공격하기 위한 시설이었던 것으로 추정된다.

현재 안쪽에는 일부 군 시설이 설치되어 있는데, 조선 시대 국방시설과 현대의 국방시설이 함께하는 역사와 시간이 중첩된 공간이라 할 수 있다.

원래는 2020년에 군 시설을 옮기고 일반에 완전 개방할 것으로 발표되었지만, 어쩐 영문인지 아직까지 실행에는 옮겨지지 않고 있다.

의두돈대의 성곽 위에 오르면 전면으로 조강 건너 북한의 개성 송악산이 빤히 바라보이고, 드넓은 한강 하구와 강화만이 한눈에 들어온다. 아름다운 풍광으로 치자면 강화의 어느 돈대 못지않게 빼어난 명소가 될 듯싶다.

의두돈대의 북쪽으로는 566보^{740m} 거리에 강화 최북단 돈대인 불장돈대가 있고, 남쪽으로는 297보^{360m} 떨어진 곳에 철북돈대가 있다.

물길 하나 건너 북녘땅 개성의 송악산이 보인다.

내부 성벽의 석재들은 거의 유실되지 않은 듯하다.

아담한 돈대의 내부 형태. 둘레가 90m밖에 안 되는 소형이다.
군 시설로 원형이 좀 훼손된 상태이다.

(왼쪽) 총격 엄호물인 여장(성가퀴)들이 다 사라진 성곽 위에서 본 돈대 내부
의 모습. 비교적 소규모의 돈대이다. (사진/네이버카페 강화도 구석구석)
(오른쪽) 바다 쪽으로 향한 포좌. 포구를 내미는 포안이 보인다. (사진/네이버
카페 강화도 구석구석)

성가퀴가 하나도 남아 있지 않은 성곽. 원래 27개가 있었다고 한다. (사진/네이버카페 강화도 구석구석)

떡갈나무 고목이 성벽 아래까지 파고들고 있다.
(사진/네이버카페 강화도 구석구석)

바깥에서 본 포좌의 포안
(사진/네이버카페 강화도 구석구석)

44 강화도 최북단에 위치하는 불장돈대

강화군 양사면 북성리 19-2 소재

위도상 강화도 최북단에 위치하는 불장^{佛藏}돈대는 북녘땅을 남행한 예성강의 하구와 마주하고 있으며, 또한 이 어름에서 494km를 달려온 한강 물줄기가 강화만으로 이어지게 된다.

불암돈대 또는 북장곶돈대로도 불리는 이 돈대는 강화도의 최북단에서 북쪽 바다로 돌출한 곳에 자리잡고 있어, 거의 270도 전망을 확보하고 있는 최고의 전망대라고 할 수 있다.

초루, 의두, 철북, 천진돈대와 함께 철곶보에 소속된 불장돈대는 숙종

반듯한 무사석을 양쪽에 두 개씩 쌓고 그 위에 덮개돌을 얹어 소박한 아름다움을 보여주는 불장돈대 석문

5년¹⁶⁷⁹ 강화도 해안선을 따라 49개 돈대들이 거국적으로 축조되었을 때 함께 쌓은 돈대였다. 동쪽으로는 350m 거리에 의두돈대, 서쪽으로는 900m 거리에 초루돈대가 있다.

불장돈대의 형태는 기본적으로 사각형이지만, 전체적으로 지형을 고려하고 토압에 의한 붕괴를 방지할 수 있도록 모서리 부분을 완만한 곡선으로 처리하여 원형에 가깝다.

돈대는 북향이며, 출입문은 남쪽 중앙에 위치한다. 돈대의 둘레는 81보^{110m}이며, 기록에는 38개 성가퀴^{여장}가 있었다고 하지만 현재는 하나도 남아 있지 않다. 돈문은 남쪽 성벽으로 나 있다.

북쪽으로 4문의 포좌를 배치했고, 동북쪽 포좌 1문은 훼손되었다. 포좌의 규모는 폭 1.4~1.6m, 높이 1.2~1.4m, 깊이 2.8m~3.3m이다. 돈대 내부에 건물을 두어 창고와 수직^{守直}하는 병사의 숙소로 삼았다는

불장돈대 가는 길. 돈문이 빤히 보이지만 일반인은 접근 금지인 민통선 안에 있다.

바다 쪽을 향하고 있는 포좌. 앞부분이 무너져 있다.

곧 무너질 것 같은 포좌. 복원의 손길이 시급해 보인다.

기록이 남아 있다.

　대체로 외벽체의 면석은 온전히 남아 있으나, 내벽체는 크게 교란되어 거의 흔적을 찾을 수 없고, 남서부 구간은 벽체 모두가 훼손된 상태

돈문은 현재 사용 불가다. 근무하는 병사들은 성벽이 무너진 갓길로 돌아다닌다.

이다. 그래도 이 석재들이 많이 유출되지 않고 이만큼이나마 원형을 유지하고 있는 것은 그 동안 오래 이 지역이 군사지역으로 묶여 있었던 때문으로 보인다. 그런 면에서 민통선이 우리 문화유적 보호에 일정 부분 기여한 바가 있다고 보겠다.

지난 11월 20일부터 정부가 개방한 접경지역의 'DMZ 평화의 길' 7개 테마노선 중 강화 구간에 속하는 의두분초에서 불장돈대 전까지의 구간은 서해바다를 바라보며 도보로 이동하는 길이다. 강화군은 1.5km의 도보 구간 중 800m에 데크길을 만들어 개발되지 않았던 비무장지대를 편안하게 걸으며 관람하도록 조성했다.

앞으로 돈대 복원사업이 본궤도에 올라 이 불장돈대가 350년 전 아름답던 원형을 되찾게 된다면 강화에서도 가장 풍광이 아름다운 관광의 명소가 될 것으로 보인다.

돈대의 서쪽으로 646보^{770m} 거리에 초루돈대가 있고, 동쪽으로는 의두돈대가 566보^{740m} 거리에 있다.

성벽 하단에 설치된 석누조. 토축에 스며드는 물을 배수
시켜 토압을 완화하는 역할을 한다.

340년 전에 쌓은 성벽이 거의 원형을 유지하고 있다. 석
재가 많이 유실되지 않고 이만큼이라도 유지된 것은 그
동안 군사지역으로 묶여 있었던 때문인 듯하다.

바다와 강의 경계가 모호한 불장돈대 앞의 강화만 건너로 북한땅이 빤히 보인다.
불장곶이 천혜의 요충임을 한눈에 보여준다.

45 문 옆 돌에 명문이 있는
초루돈대

강화군 양사면 북성리
산47 소재

강화 최북단 바닷가의 야트막한 야산 정상에
자리잡은 초루譙樓돈대는 1999년 육군박물관
조사단의 발굴 이전에는 이름조차 알려지지

않은 무명 돈대였다. '초譙'는 '꾸짖다'는 뜻이지만, 초루譙樓는 궁문이나
성문 따위의 바깥문 위에 지은 다락집門樓이란 뜻이다.

같은 해 11월 17일부터 36일 동안 국립문화재연구소에 의해 본격적
인 초루돈대 발굴작업이 실시되었는데, 강화지역 돈대가 정식 발굴된
것은 초루돈대가 처음이다. 조사결과 초루돈대는 해발 45m의 낮은 구

릉 위에 맨 밑바닥에는 화강암을 깔고 평면 계란형으로 쌓아올린 것으로, 남북 35m, 동서 27m 크기이며, 마치 석축산성을 축소해놓은 모양을 하고 있는 것으로 나타났다.

'소래돈대'라고도 불리는 초루돈대는 불장-의두-철곶-천진돈대와 함께 철곶보 소속으로 강화 최북단 해안방어의 한 축을 맡았는데, 벽체를 따라 북쪽과 북서, 북동쪽에 각각 포를 설치하는 포좌가 셋 있으며 출입문은 남쪽에 설치됐다. 또 돈대 바깥 벽면은 1단의 기단석 위에 6~8단의 네모난 화강암을 15cm가량 들여 쌓고 돈대 윗면에는 할석을 3단으로 쌓아 흙과 강회를 섞어 마무리한 것으로 조사됐다.

이와 함께 출입구 문주석의 왼쪽 면석에 4행으로 된 명문이 발견되었는데, 계룡돈대 외에 명문이 발견된 것은 초루돈대가 유일하다. 인천문화재단 인천역사문화센터 연구원에 따르면, "강희 59년[1720] 4월이라는 글자가 제일 오른쪽에 위치하는데, 이는 초루돈대가 건립된

돈대의 문. 잘생긴 문 양쪽의 무사석이 돈문 형태를 300년 넘게 유지해주고 있다. 문 천장의 덮개돌은 일부 무너졌다.

돈문 왼쪽의 면석에 흐릿하게 보이는 네 명문. 초루돈대가 1720년
에 축조되었음을 알려준다.

때를 의미한다. 그
다음으로 전前별장
최□형, 패장牌將 교
련관敎鍊官 장준영,
전前 사과司果 김□
□의 이름이 연이
어 새겨져 있다."

이 명문으로 인
해 초루돈대가 숙

종 5년1679 강화에 최초로 축조되었던 48돈대에 포함되지 않고 나중에
추가된 돈대임이 밝혀졌다. 치세 연간에 '강화읍성'을 고쳐 쌓고 덕진
진에 행궁을 지은 숙종은 1718년에는 빙현돈대, 1719년에는 철북돈대
를 각각 축조하고, 세상을 떠나는 이듬해에는 초루돈대를 완성했던 것
이다.

이런 점에 비추어볼 때 숙종은 강화와는 떼려야 뗄 수 없는 임금인
셈이다. 그로 인해 조선은 병인양요, 신미양요 때 밀려오는 서양 제국
주의 세력을 막아낼 수 있었다. 숙종 하면 늘 음습한 요부 장희빈을 연
상하게 되지만, 이제는 국방에 누구보다 심혈을 기울인 호국의 왕으로
기억해도 될 법하다.

민통선 안 야산 정상에 자리한 덕분으로 초루돈대는 지금껏 비교
적 원형을 잘 유지하고는 있으나, 동쪽과 북쪽의 석벽은 붕괴가 심하
다. 포좌는 붕괴되어 원형이 훼손되었으나, 포구는 3구 중 2구가 그 형
태를 유지하고 있다. 빠른 복구가 이루어지지 않는다면 붕괴는 가속될

강화돈대 순례

것으로 보인다.

돈대의 현존 석벽은 7~8단 정도의 높이이며 아래에서 위로 갈수록 안으로 들여쌓는 퇴물림 방식을 택했다. 기록에는 둘레가 85보^{99m}, 여장_{성가퀴}이 38첩이라고 나와 있지만, 남아 있는 여장은 하나도 없다. 다만, 남벽 일부에 여장 흔적이 잔존하고 있으며, 전돌을 사용한 흔적도 보인다.

사람의 발길이 잘 닿지 않은 산속 고즈넉한 곳에 앉아 있는 초루돈대는 주변에 우거진 나무와 덤불로 인해 마치 오래전에 버려진 고대의 석조 유적처럼 보인다. 유적 앞에 어떤 안내판도 서 있지 않아 더욱 그런 느낌을 받는지도 모른다.

강화도 최북단 양사면 북성리의 바닷가 산길을 따라가다 오른쪽 산으로 올라가면 희미한 발자국 자취를 볼 수 있는데, 그것을 좇아가면 우거진 숲속에 서 있는 초루돈대를 만날 수 있다. 민통선 안이긴 하지만 민간인의 출입이 자유로운 곳이므로 볕 좋은 봄날 돈대 투어에 한번 나서보는 것도 좋을 것 같다. 300년의 세월감을 느껴볼 수 있을 것이다.

안내판 하나 없는 이 돈대를 찾는 일은 어쩌면 소풍 때 보물찾기와 비슷하다는 생각이 든다. 단, 힌트 하나를 준다면, 돈대는 바닷가 높은 지대에 자리하고 있다는 점이다. 따라서 높은 쪽을 행해 꾸역꾸역 올라가다 보면 호젓한 숲속의 돈대를 만날 수 있다. 자녀들과 함께 간다면 인디애나 존스 같은 탐험 체험을 맛볼 수 있는 기회이기도 하다.

초루돈대 서쪽으로는 까치아래돈대_{작성돈대}가 1,500보^{1,800m} 거리에 있고, 동쪽으로는 불장돈대가 646보^{770m} 거리에 있다.

석축과 포좌. 언제 쌓은 석축인지 알 수 없다.

온전한 형태로 남아 있는 우물터 (사진/강화만사성)

빠른 복구가 없으면 성벽 붕괴는 가속화될 것 같다.

안에서 본 돈문. 부러진 나뭇가지들이 어지럽다.

우묵한 건물터. 창고나 숙소였을 것이다.

무너진 포좌. 장대석이 뒹굴고 있다.

붕괴된 북벽. 면석들이 뒹굴고 있다.

46 원형을 잘 보존하고 있는 까치아래돈대(작성돈대)

강화군 양사면 북성리
633 소재

강화도 최북단 돈대 중 하나인 까치아래돈대[鵲城돈대는 숙종 5년[1679] 최초의 48개 돈대가 축조된 후 거의 반세기 지난 영조 2년[1726]에 새로이 추가된 것이다.

　그만큼 젊은 돈대인 작성돈대는 현재 원형을 가장 잘 보존하고 있는 돈대 중의 하나로, 오른쪽으로는 예성강 입구가 바라보이며, 왼쪽으로는 구등곶돈·광암돈을 거쳐 멀리 교동까지 보인다. 서쪽에 있는 구등곶돈대와의 직선거리는 고작 600여m로, 돈대 간 거리 중 가장 짧은 편에 속한다. 그만큼 요충지란 뜻이다.

강화 북서쪽은 예성강과 한강이 만나 서해로 나가는 요충지로, 강화가 보장처^{왕의 긴급 피난처} 역할을 한 조선시대나 남북간 대치 상황인 지금이나 국방상 중요성은 여전한 듯하다.

구등곶돈 · 광암돈 · 초루돈 · 인화돈과 함께 인화보 소속으로, 이들 돈대의 앞쪽으로는 개펄이 매우 잘 발달되어 있어서 천혜의 요새로서 부족함이 없었다. 이 돈대 아래에는 조선후기의 것으로 추정되는 포대가 있다.

돈대의 형태는 사각형이며, 둘레는 101m이다. 기록에는 성곽 상단부에 전투시 은폐 사격할 수 있는 38개의 치첩^{성가퀴}을 갖고 있다고 나와 있으나, 유감스럽게도 잔존하는 것은 하나도 없고, 성곽 일부에 흔적만을 남기고 있다. 포좌 2개는 형태를 유지하고 있지만, 그중 하나는 돌들이 아귀가 심하게 어그러져가고 있다. 포안 아래 낯선 시멘트 벽돌도 눈에 띈다.

작성돈대가 위치한 지역은 군사시설 보호지역으로서, 돈대 토축 위에 오르면 해협 건너로 북한땅이 빤히 보인다. 돈대 앞쪽으로는 삼엄한 철책이 해안선을 따라 끝없이 이어지고 있다. 물론 현재도 해병들의 경계근무가 이루어지고 있다.

그래서인지 작성돈대의 석재들은 거의 유실된 부분이 없는 것 같고, 특히 돈문은 완벽한 원형을 유지하고 있으며, 내외면의 석축도 온전한

거의 완벽하게 원형을 유지하고 있는 작성돈대의 문. 위를 덮은 천 장돌 장대석을 곡선으로 깎아낸 당시 장인들의 정성이 느껴진다.

등, 돈대의 원형이 양호하게 보존되고 있다. 작성돈대의 면석들은 여느 돈대와는 달리 회색 화강암이 아니라 호박색을 띤 돌들인데, 생긴 모양들이 둥글둥글하다. 아마 돌을 다듬은 장인의 취향인 듯싶다. 이 역시 관람 포인트라 하겠다.

이 돈대는 별명도 여럿인데, 까치아래돈대 또는 가출돈대로도 불린다. '작성'이라는 한자어에 까치 작鵲을 포함하고 있어 그럴 것이다. 돈대 안에는 떡갈나무 거목 한 그루가 터줏대감처럼 떡 버티고 서 있는데, 그 높은 가지에서 까치들이 자주 앉아서 우는 바람에 근무 장병들이 까치아래돈대라고 부르지 않았나 짐작해본다. 까치아래 초소에서 근무하고 있던 한 해병대 장병이 "오래 전부터 그렇게 불린 것으로 알고 있다"고 하는 것으로 보아, 한국전쟁 이후 줄곧 친근한 그 이름으로 불린 듯하다.

강화에는 섬을 둘러싼 12개 진·보 아래 54개 돈대가 조선 중기부터 설치됐다. 이 가운데 접경지역 내 15개 돈대가 현재까지도 해병대 해안방어 요충지 역할을 하고 있다. 그러나 우리 군도 이제는 선조들이 남긴 자랑스러운 문화유산인 이들 돈대들을 국민 품으로 돌려주더라도 거뜬히 경계임무를 해낼 수 있을 만큼 강군이 되지 않았나 하는 생각을 해본다.

현재 인천시는 강화 해안방어유적에 대해 유네스코 세계문화유산 등재를 추진하고 있으며, 세계문화유산 등재 전 단계인 '잠정목록' 등재 신청을 할 계획으로 있다.

인천시 관계자는 "300년 넘게 군사시설 역할을 하고 있는 강화 해안방어 유적이 세계문화유산 지정의 주요 요건 중 하나인 '진정성 authenticity'에 부합한다"며 "세계적으로도 유사한 사례가 드물기 때문에 지정 가능성을 높게 점치고 있다"고 말한 바 있다.

만약 강화돈대들이 세계문화유산으로 지정된다면 강화돈대 르네상스가 이루어질 것이며, 세계에서도 유일한 돈대 투어 바람이 불 것으로 전망된다.

이 같은 측면 외에도 작성돈대의 현황에서 볼 때, 복원에 나서기만 하면 훌륭한 우리 관방 문화유산 하나를 완벽하게 되찾을 수 있을 것으로 보이는 만큼 관계당국의 진지한 검토를 요청하고 싶다. 현재 성벽 면석들의 아귀 어긋남이 진행되고 있어 때를 놓치지 말아야 할 것이다.

한 가지 더-. 아무리 폐허가 된 돈대에도 안내판은 하나씩 서 있는데, 유독 이 돈대에는 팻말 하나 서 있지 않다. 모르는 사람이 본다면 이 돈대의 이름을 알 길이 없을 것이다. 우선 안내판이라도 하나 세워주기 바란다.

까치아래돈대의 서쪽으로는 500보600m 떨어진 곳에 구등곶돈대, 동쪽으로는 1,500보1,800m 거리에 초루돈대가 있다.

돈문을 통해 본 내부 모습. 북쪽으로 향한 포좌 2개가 보이고, 그 가운데 떡갈나무 거목이 서 있다.

무너진 성벽 모퉁이. 군데군데 붕괴가 진행되고 있다. 시급히 보수하지 않으면 더 많이 훼손될 가능성이 있다.

이 돈대를 쌓은 석수들은 면석을 모나게 깎지 않고 둥굴둥글하게 깎았다. 석재도 보통 회색 화강암이 아니라 호박빛이 도는 돌이다.

안에서 본 돈문 모습. 무너지는 토축을 벽돌로 보강해놓았다.

47 '거북이가 기어오른' 구등곶돈대

강화군 양사면 북성리
996 소재

강화도 서북지역 구등곶龜登串 돈대 앞
젊은 군인들이 북쪽으로
강과 뻘을 응시하고 있다

강과 뻘이 그대로 휴전선이 된다

북에서 발원하는 임진강과 한탄강,

그리고 남에서 길게 흘러온 한강,

또한 멀리 바라다 보이는 예성강구……

크고 작은

돈문이 있는 구등곶돈대의 남쪽 성곽. 거의 온전한 원형을 유지하고 있다.

강들이 이곳 구등곶 앞에 이르러
바다에 함께 녹아든다
(김광옥의 '구등곶돈대 앞에서' 일부)

돈대는 해안가 또는 접경지역 경계를 위해 돌로 쌓은 조선시대의 소규모 해안 포대라 할 수 있다.

강화도 북서쪽 땅 끝, 북한땅이 빤히 보이는 해안가 언덕에 위치한 구등곶돈대는 땅이름에서 나타나듯이 거북이가 기어오르는 듯한 매우 특이한 지형 위에 올라앉아 있다. 앞쪽과 좌우 옆면으로는 갯벌이 아주 잘 발달되어 있어서 외적 방어에 매우 유리한 자연적인 방벽 기능을 한다.

이처럼 갯벌에 둘러싸인 낮은 언덕 위에 약 2m 높이로 쌓은 구등곶돈대는 조선 숙종 때인 1679년 강화도 해안선을 따라 48개 돈대들이 대거 축조될 때 함께 만들어진 돈대로, 현재 해병대 제2사단 해안 초소로 쓰이고 있다. 돈대 내부에 설치된 초소에서 경계 임무를 수행하는 해병대 장병들은 300년이 넘은 국방 요충지에서 조선군과 마찬가지로 여전히 나라를 수호하고 있는 셈이다.

돈대 성곽 위에 오르면 해안을 270도로 경계와 감시가 용이한 천혜의 요충임을 실감하게 된다. 해협 건너 북한땅 연백군 접경지역이 손에 잡힐 듯이 한눈에 들어오고, 저녁이면 일몰의 석양이 더없이 아름

단아한 아름다움을 뽐내는 구등곶돈대의 홍예문. 350년 전에 쌓은 석문인데도 튼실하게 서 있다.

다운 곳이기도 하다. 또한 남서쪽으로 시선을 돌리면 강석해협을 가로질러 강화도와 석모도를 잇는 석모대교의 이름다운 풍광이 펼쳐진다.

무태, 인화, 광암, 작성돈대와 함께 인화보에 소속되었던 구등곶돈대는 아직까지 석벽이 비교적 양호하게 남아 있는 편인데, 군사지역인 터라 그런 것 같다. 성곽은 약 10단 높이로, 위로 올라갈수록 안쪽으로 기울어지는 들여쌓기 방식으로 축조되어 있다. 석벽은 동북 모퉁이가 붕괴된 것을 제외하고는 대체로 양호한 편이다. 외적 방어와 관측에 효율적인 형태를 취하고 있다고 하겠다.

돈대는 동서^{포좌부} 32m, 동서^{출입구} 24m, 남북 41m로, 형태는 기본적으로 방형을 취하고 있으나, 북서향을 한 앞면이 뒷면에 비해 약간 넓은 사다리꼴의 평면을 가진 돈대이다.

바다를 향해 전면에 2좌, 양 측면에 1좌씩, 모두 4개 포좌를 설치했는데, 북쪽의 포좌는 훼손된 것으로 보인다. 사선으로 사격할 수 있는 포좌는 옆면에서 앞쪽을 향해 사격을 할 수 있도록 설계되어 있다. 보통 사격 방향이 석벽과 직각을 이루는 여느 돈대의 포좌와는 다른 점으로, 이 역시 방어전을 펼침에 있어 가장 효율적인 여러 요인을 감안한 설계라고 할 수 있다.

남쪽에 위치한 돈문은 원래의 형태를 훌륭하게 유지하고 있다. 그런데 돈문 양쪽의 면석에 글자를 새긴 어지러운 흔적들이 보이는데, 아마 이름자를 새긴 것으로 보인다. 문지의 폭은 150cm, 높이 180cm, 깊이는 360cm이다. 포좌는 높이 120~160cm 내외이고, 폭 140~160cm 내외, 깊이 3m 내외, 돈대 전체의 육축부 높이는 2.2~4m이다. 돈대의 둘레는 90보^{139m}이다.

기록에 따르면 구등곶돈대의 성가퀴는 46개로 나와 있지만, 현재는 하나도 남아 있지 않다. 성곽 역시 부분적으로 상당히 훼손된 곳이 많지만, 그래도 전체로 보아 원형을 잘 간직하고 있는 편이라 할 수 있다. 특히 돈문이 있는 남쪽 성벽은 거의 온전한 것으로 보인다. 돈대 복원사업이 실시된다면 원형을 복구하는 데 큰 어려움은 없을 것으로 생각된다. 구등곶돈대가 완전히 복원되고 민간인 출입이 자유로워진다면 강화에서도 손꼽히는 명소가 될 것으로 보인다.

강화도에서 대대적인 돈대 축조에 투입된 석재들은 대체로 강화도 남쪽의 마니산, 서쪽의 별립산, 그리고 매음도와 주변 섬에서 공급받은 것으로 알려져 있다. 이 석재들을 가공하는 데는 서울을 비롯한 전국에서 석수 400여 명이 동원되었다고 한다.

구등곶돈대 서쪽으로는 2,724보^{3,440m} 뚝 떨어진 곳에 광암돈대가 있고, 동쪽으로는 500보^{600m} 거리로 까치아래돈대가 있다.

(왼쪽) 돈문 옆 면석에 새겨진 글씨들. 자랑스런 우리 문화유적을 아끼고 보존하는 마음이 아쉽다.
(오른쪽) 돈문 안 무사석의 문둔테. 무사석의 문둔테에는 빗장인 장군목을 끼운다.

안쪽에서 본 돈문의 모습. 장대석들이 돈문 위를 견실하게 덮고 있다.

바다를 향해 나 있는 포좌

포좌의 내부. 여느 돈대의 포좌와는 달리 공간이
상당히 널찍하다.

돈대 내부. 기본적으로 방형을 취하고 있으나, 북서향을 한 앞면이 뒷면에 비해 약간 넓은 사다리꼴을
하고 있다.

구등곶돈대 남서쪽의 전망. 강석해협을 가로질러 강화도와 석모도를 이어주고 있는 석모대교의 아름
다운 풍광이 펼쳐진다.

48 조금 손대면 원형 되찾을 광암돈대

강화군 양사면 인하리
산32 소재

양사면 인화리 최북단에 있는 광암_{廣巖}돈대는 숙종 5년¹⁶⁷⁹ 축조된 48돈대 중 하나로, 강화도의 북서해안의 요충에 자리잡고 있다.

부근의 작성-구등곶-무태-인화돈대와 함께 인화보에 속했던 광암돈대는 거의 정사각형에 가까운 형태다. 기록에는 둘레가 42보, 치첩_{성가퀴}이 38개로 나와 있는데, 다른 자료에는 둘레 121m로 나온 것을 보면 42보는 오기인 듯하다. 여기는 보는 약 1.1m로 환산되기 때문이다. 그렇다면 110보쯤 된다. 이 정도면 제법 큰 돈대 축에 든다.

강화돈대 순례

철조망이 둘러쳐진 채 허물어져가는 광암돈대. 우리의 자랑스런 문화유산을 국민에게 돌려줘야 한다.

그러나 현재 군 시설로 사용되고 있어, 출입구 철문은 자물쇠로 채워져 있고 둘레는 철조망을 뒤집어쓴 상태라 내부로 들어가 살펴볼 수가 없다. 따라서 기록에 나와 있는 3개의 포좌는 확인 불가다. 이 포좌들은 모두 북벽에 설치되어 있고, 좌우측으로는 포좌를 앉히지 않았다. 이것은 전면 방어의 효율성을 높이기 위한 것이다.

돈대에서 북쪽을 바라보면 강화 북쪽 바다가 한눈에 들어온다. 바다 건너편으로 북한의 연안과 마주하고 있으며, 좌측으로는 교동이, 우측으로는 예성강과 개풍군이 보인다.

돈대 문은 남벽의 중간쯤에 자리잡고 있는데, 문 앞에 차폐물이 서 있어 정면으로는 안을 살펴볼 수가 없다. 다행히 돈문의 상태는 양호

돈문 앞을 가로막은 차폐물. 아름다운 돈문을 흉물스럽게 만들고 있다. 돈문은 거의 완벽하게 원형을 유지하고 있다.

무너진 성곽 모퉁이를 그늘막으로 덮어놓았다. 더 무너지기 전에 보수를 서둘러야 한다.

한 것으로 보인다. 현재 출입구로는 사용하지 않고, 군인들은 다른 출입구로 드나드는 듯하다. 그 출입구를 통해 안쪽을 들여다보니 군 시설물로 인해 내부가 변형된 상태다. 하지만 상태를 살펴보니 이미 용도폐기되어 더 이상 사용하지 않는 시설처럼 보이기도 한다.

어쨌든 자연적으로 붕괴된 몇몇 구간을 제외하고는 보존상태가 매우 양호하다. 비록 돈대 상단부의 여장^{女牆}은 하나도 남아 있지 않지만, 돈대의 석재들은 거의 유실된 것이 없는 듯하다. 군에서 돈대를 관할한 덕분에 원형을 잘 보존한 것으로 사료된다. 현재 돈대 내부로의 진입은 막혀 있지만 외부의 답사는 가능한 상태다.

군 당국과 협의하여 주변정리를 하고 탐방객들이 자유로이 답사, 관람할 수 있도록 손써준다면 퍽 고맙겠다. 군에서도 이제 자랑스런 우리 국방 문화유산을 제자리로 돌려놓는 데 관심을 가져줬으면 하는 바람이다.

욕심을 좀 더 낸다면, 돈대 상태가 양호한 만큼 조금만 손을 대면 원형을 완전 회복할 수 있을 듯하니, 관계당국이 관심을 기울여주기 바란다. 아름다운 우리 문화유산 하나를 되찾는 기회가 될 것이다.

서쪽으로 1,350보^{1,620m} 떨어진 곳에 인화돈대, 동쪽으로 2,724보 ^{3,440m} 뚝 떨어진 곳에 구등곶돈대가 있다.

지금까지 일반에 공개된 적이 없는 군사시설 보호구역 내의 10개 돈대에 대한 취재에 아낌없이 협조해준 해병대 제2사단 관계자분들께 고마움을 전합니다.

검은 막으로 가려놓은 포좌

광암돈대의 안쪽 모습

거의 원형을 유지하고 있는 성벽

돈대 북벽으로 난 포좌의 포안. 면석 사이에 시멘트로 때운 자국이 보인다.

바다를 길쭉이 나온 곳에 구등곶돈대가 있다. 그 건너편이 북한이다.

출입구로 사용되는 곳. 폐타이어로 성곽을 보강해놓았다. 군시설은 현재 사용하지 않는 듯 보인다.

(왼쪽) 광암돈대의 포좌. 언제 무너질지 위태로워 보인다.
(오른쪽) 광암돈대 스케치. 성가퀴는 남아 있지 않다. 무너진 성곽 일부는 현재 출입구가 되어 있다.

광암돈대의 동벽. 거의 원형을 유지하고 있다.

돈대의 북벽 모서리. 잘 보존되어 있다.

돈대의 정면과 동벽

49 접근로도 없이 쓰레기장이 된 인화돈대

강화군 양사면 인화리 982 소재

인화^{寅火}돈대는 강화도의 서북단, 교동대교의 강화도 쪽 양사면 인화리 해안가에 자리잡고 있다. 인화리의 인^{寅}은 범을 상징하는 것으로, 부근 해안에 인화석^{寅火石}, 곧 범바위가 있어 지어진 동네 이름이다. 서해에 위치하고 있는 이 작은 섬마을에는 조선시대 교동으로 건너는 배가 이용하던 인화나루가 있었는데, 연산군이나 광해군이 교동 유배지로 들어갈 때 거쳐간 유서 깊은 나루이다.

해안가 언덕배기에 자리잡은 인화돈대는 숙종 5년^{1679} 강화에 최초로

48개 돈대들이 들어설 때 축조된 돈대의 하나로, 북쪽으로 광암-구등곶-작성-초루돈대, 그리고 남쪽의 무태돈대와 함께 인화보 소속이었다. 인화보는 인화돈대 아래 해안가에 자리잡고 있었는데, 주택지 개발 등으로 훼손되어 흔적을 찾아보기 힘들다.

이들 돈대들을 쌓을 때 들어간 석재들은 부근의 별립산別立山에서 조달한 것이라는 기록이 전한다. 하점면과 양사면 사이의 경계 지점에 위치한 별립산은 해발 399m로 강화 6대 산의 하나로 알려져 있다.

〈강도지〉에 "강화부 서쪽 20리에 있다"고 기록되어 있다. '별립別立'이라는 산이름은 강화도의 다른 산들과 산줄기가 연결되어 있지 않고 외따로 떨어져 있다고 해서 붙여진 것이라 한다. 산에 바위가 많고 '호랑이가 앉아 있는 모양'이라고 해서 준호산蹲虎山이라는 별칭도 있다.

토대 터에 놓인 거석. 어딘가 요긴하게 쓰였을 석재로 보인다.

파묻혀 있는 돈대의 석재들

이 산 북쪽으로는 교동대교로 이어지는 48번 국도가 지나간다.

인화돈대의 형태는 사각형이며, 크기는 98보^{130m}, 44성첩으로 기록되어 있다. 성가퀴라고도 불리는 성첩은 성곽 위에 몸을 숨길 만한 나지막한 담^{여장}을 쌓고 총안으로 사격을 하게 만든 방어시설이다. 물론 남아 있는 성첩은 하나도 없다.

인화돈대의 실측조사에서 실제 둘레가 130m로 나온 것을 보면 규모가 있던 돈재 축에 든다. 예전에는 돈대 아래로 범바위와 당집이 있었고, 하단부 능선에는 연백군 망향비와 누각이 있었지만, 지금은 민가 주택단지 조성으로 모두 소실되었다. 또한 돈대의 석재들도 거의 유실되어 포좌가 몇 개가 있었는지조차 가늠하기 힘들 정도다.

돈대의 가장자리 기단 석축도 군데군데 조금씩 남아 있을 뿐이며, 주변에 면석이 드물게 보이기는 하지만, 철저히 훼손되어 원형을 그리기가 힘들 정도로 보인다. 게다가 무슨 영문인지, 누가 버린 것인지 이런 언덕배기에 건축 폐기물과 상당량의 생활 쓰레기들이 유입되어 지저분하기 짝이 없다. 유적지를 훼손하면 처벌된다는 안내판의 경고가 무색할 지경이다. 관계당국에서 이것만이라도 장비를 동원해 말끔히 처

강화돈대 순례

리해주기를 바란다.

안내판에 적혀 있는 인화보는 인화돈대의 상급부대 단위로, 인화돈과 같은 지역에 주둔했다는 뜻이다. 보통 강화의 54개 돈대들은 강화부 영문 직할 돈 6개 외에는 모두 지방군 단위인 진鎭이나 보堡에 소속

기단석 하나. 저 토축을 파헤치면 많은 면석들이 나올 것 같다.

되어 운영되었는데, 대대급인 진이 중대급인 보보다 규모가 좀 크지만 상하관계가 아니라 각기 독립된 부대였다.

그래도 전망 하나만은 어느 돈대 못지않아, 해협의 물길과 멀리 교동대교와 교동도, 석모도가 한눈에 보인다. 이 해협을 지나는 배라면 한 척이라도 인화돈대의 감시를 피하기 어려웠을 것이다.

현재 돈대 아래쪽에는 민간의 주택지 개발로 접근로마저 다 지워져 버려 비탈과 풀더미를 헤치며 돈대로 올라가야 하는 형편이다. 그럼에도 불구하고 돈대를 복원할 의지만 있다면 복원이 불가능할 것으로는 보이지 않는다. 돈문 문터와 포좌자리 같은 것을 어느 정도 확인할 수 있을 것 같기 때문이다. 더이상 훼손되기 전에 복원을 서두를 필요가 있어 보인다.

인화돈대 남쪽으로는 너무나 비교되게 말끔히 복원된 무태돈대가 1,470보1,760m 거리에 있고, 북쪽으로는 1,350보1,620m 떨어진 곳에 광암돈대가 있다.

여기쯤이 돈문 터였을 것이다.

멀리 교동도와 교동대교, 석모도가 보인다. 최고의 전망지인 것만은 분명하다. 아래 토목작업 중인 곳은 인화보가 있었던 터로 보이는데, 유적지에 건축허가가 날 수 있는지 의아스럽다.

전체 돈대 터. 꽤 넓은 면적을 차지한 듯이 보인다.

(왼쪽) 느티나무 거목이 돈대 토축에 뿌리 박고 있다. 기와짝 하나도 보인다.
(오른쪽) 약간 남아 있는 기단석

흔적조차 찾기
어려운
5개 멸실 돈대

50 정미소가 들어선 장자평돈대

강화군 길상면 초지리 1074 소재

상전벽해桑田碧海란 말은 뽕나무 밭이 푸른 바다로 변했다는 뜻이다. 강화 54 돈대 중 장자평長者坪돈대야말로 이 말에 가장 걸맞는 돈대라 할수 있다. 해안가에서 위용을 자랑하던 성채가 정미소로 둔갑했으니 말이다. 게다가 돈대 앞에 드넓게 펼쳐져 있었던 바다는 너른 논벌로 변신하고 말았으니, 이를 '벽해상전'이라 해야 하나?

숙종 5년1679 축조된 48돈대 중 하나인 장자평돈대는 섬암, 초지돈대와 함께 초지진 소속으로 일명 장자말돈대라고도 불린다. 하지만 언제 장자평돈대 자리에 정미소가 들어서 있다. 지금은 드넓은 논벌로 간척되었지만, 옛날엔 석축 아래로는 바다였다.

부터인가 돈대는 사라져버렸고, 그 터에는 한성정미소가 우뚝 서 있다. 그 많았던 석재들도 어디로 다 가버렸는지 아는 이도 없다.

　그 옛날 반듯한 면석으로 축조되었던 돈대의 위용도, 바다의 풍광도 모두 사라져버린 장자평돈대-. 돈대의 흔적이라고는 눈을 씻고 찾아봐도 없으니, 그 원형을 확인할 길이 있을 리 없다. 기록에 따르면, 둘레가 94보, 성첩^{여장}이 39개라 하니 보통 규모의 돈대에 속한다.

　정미소 옆의 석축에 걸쳐진 철계단을 올라가면 마을회관 뒤편에 있는 집의 울타리에 오래된 듯 보이는 돌무더기 길게 쌓여 있는데, 장자평돈대에서 나온 면석이 아닌가 추측해볼 따름이다. 이런 형편이니 과연 돈대 안내판이나마 세울 수 있을는지 의심스럽다. 먼저 개인 소유의 땅을 사들여 돈대 터만이라도 확인하는 작업이 선행되어야 할 것같다.

51 군 시설이 가로막고 있는 제승돈대

강화군 강화읍 용정리 산78 소재

제승制勝돈대는 강화에 48개 돈대가 완축된 후 60년 만인 1739년영조 15에 추가된 돈대로, 망해, 염주, 갑곶돈대와 함께 제물진 소속이었다.

돈대가 들어선 자리는 바다로 돌출한 곳으로서, 해안의 경계 감시에 안성맞춤인 지형이다. 현재 돈대의 형태가 완전히 사라지고 3~4m 정도의 석벽밖에 남아 있지 않지만, 지금도 해병대의 감시초소가 자리잡고 있다. 그래서 민간인은 접근 불가인 민통선 내 지역이다.

일제강점기 초기까지는 멀쩡했던 제승돈대가 이처럼 멸실된 데에는 군 시설로 인한 형태 변경도 있지만, 무엇보다 인근 옥포제방의 공사에 돈대 석재들을 뜯어내 사용한 것이 가장 큰 이유다. 옥창돈대와 같은 운명을 겪었던 셈이다. 현재 군 부대가 주둔하고 있으며, 땅에 묻혀 있는 면석 몇 개만이 보일 뿐 돈대 유구의 대부분은 삭토된 상태이다.

기록에 따르면, 강화외성의 시작 구간인 제승돈대는 둘레는 106보, 치첩여장은 29개이다. 염하의 수면과는 5~7m밖에 차이가 나지 않는다. 현재는 석재가 대부분 유실되어 당시의 모습은 살필 수 없지만, 잔존한 토축의 윤곽으로 보면 대체로 평면은 말각방형 구조로, 동서 27m, 남북 28m로 원형 구조에 가까웠던 것으로 추측된다. 북쪽으로는 망해돈대, 남쪽으로는 염주돈대가 있다.

52 3~4m 석벽만 남은
휴암돈대

강화군 강화읍 월곳리
산11 소재

월곳돈대의 바로 북쪽에 있었던 휴암(鵂巖)돈대
는 1679년(숙종 5)에 축조된 48개 돈대 중 하나
이다. 사장골돈대, 시장곡돈대로도 불리는 이
돈대는 적북, 월곳, 옥창돈대와 함께 월곳진 소속이었다. 한자 휴(鵂)는
'수리부엉이 휴' 자란다. 지형이 수리부엉이를 닮아서인지, 아니면 수
리부엉이가 많은 지역이라서 붙은 지명인지는 알 수가 없다.

이 돈대는 원래 3~4m 정도 원래 석벽이 남아 있으나 인공시설물

인공시설물의 설치로 원형을 알 수 없게 된 휴암돈대. 기단석과 참호 벽을 쌓은 돌들이 돈대 석재로 보인다.

을 설치하여 현재는 전모를 파악하기 어렵다. 역시 민통선 내 지역에 있으며, 기록에 의하면 둘레는 83보, 성첩^{여장}은 30개로 나와 있다. 한강 하류인 조강과 강 건너 북한땅이 잘 보이는 요충에 자리잡고 있다.

53 저수지 바닥이 된 낙성돈대

강화군 강화읍 대산리 242 소재

월적북돈대 북쪽에 있었던 낙성樂城돈대는 흔적은 말할 것도 없이 그 터까지 찾아보기 어려운 비운의 유적이 되었는데, 사연인즉슨 대규모 저수지가 만들어질 때 돈대 터가 수몰되고 말았던 터이다.

문화재청 홈페이지에서는 "유적은 대산저수지大山貯水池 동쪽에 있는 배수장 일대에 위치해 있던 것으로 추정된다. 마을주민에 따르면 제방을 쌓으면서 유적은 완전히 파괴되었다고 한다. 또한 저수지 내부 바닥에는 낙성돈대지를 지나는 동서 방향으로 과거 토성과 같은 흔적

대산저수지의 동쪽 소로 부근의 저수지 바닥이 돈대 터로 추정되고 있다. 멀리 보이는 민둥산이 북한 땅이다.

이 보이는데, 저수지가 생기기 전까지는 길로 사용되었다고 한다. 저수지 바닥에서 기와편 등이 수습됐다"고 기록되어 있다.

낙성돈대는 1679년^{숙종 5}에 축조된 48개 돈대 중 하나로, 석우, 빙현, 소우, 석룡돈대와 함께 승천보 소속이었다. 기록에 따르면, 둘레는 96보, 성첩^{성가퀴}은 34개라 한다.

주민의 증언에 의하면, 원형 50m 둘레 내외였으나 해방과 6·25 전후 혼란기에 심하게 훼손되었으며, 약 30년 전 숭뢰저수지 신축시 제방 구간에 놓여 있던 낙성돈대가 완전히 멸실되었다고 한다. 낙성돈대가 있었던 낙성동^{樂城洞}의 낙성포^{樂城浦}에 사는 사람들이 대부분 그물을 짜는 일을 생업으로 삼았다고 한다. 북서쪽으로 1,130m 떨어진 숙룡돈대가 있었던 구릉이 빤히 보인다.

54 면석 한 개만 남아 있는 빙현돈대

강화군 송해면 당산리 378 소재 | 승천보터와 가장 가깝게 위치하는 빙현돈대는 승천보에서 북서쪽으로 약 240m 떨어진 박촌말이 있는 야산의 북사면에 위치한다.

현재 석벽은 모두 손실되었고, 밭으로 경작되고 있다. 다만 51× 45cm 크기의 면석 1개만이 남아 있을 뿐이다. 밭의 규모는 동서 32m, 남북 32m 정도로 이 돈대의 크기와 일치하며, 돈대 형태는 정방형이었을 것으로 추정된다. 그러나 포좌와 문지의 위치도 전혀 알 수 없다. 다만 주위에서 자기편 일부를 수습하기도 했다.

빙현돈대 터에서 멀리 고려천도공원이 보인다. 조강 건너 보이는 땅이 북한의 개풍군이다.

빙현돈대는 1679년에 축조되었던 다른 돈대들과는 달리 숙종 44년 1719 강화도의 50번째 돈대로 축조되었다. 기록에 의하면, 둘레는 69보, 25개 성가퀴여장가 있었다고 하니, 소규모의 돈대였던 것으로 보인다. 돈대 내부에 건물을 두어 창고와 수직守直하는 병사의 숙소로 삼았다. 북쪽으로는 석우돈대가 1,190m 거리에 있다.